いちばん
やさしい

Excel
2019

スクール標準教科書 基礎

日経BP

はじめに

本書は次の方を対象にしています。

■ Excel 2019 を初めて使用される方。

■日本語入力の操作ができる方。

制作環境

本書は以下の環境で制作、検証しました。

■ Windows 10 Enterprise（日本語版）をセットアップした状態。

　※ほかのエディションやバージョンの Windows でも、Office 2019 が動作する環境であれば、ほぼ同じ操作で利用できます。

■ Microsoft Office Professional Plus 2019（日本語デスクトップ版）をセットアップし、Microsoft アカウントでサインインした状態。マウスとキーボードを用いる環境（マウスモード）。

■画面の解像度を 1280 × 768 ピクセルに設定し、ウィンドウを全画面表示にした状態。

　※上記以外の解像度やウィンドウサイズで使用すると、リボン内のボタンが誌面と異なる形状で表示される場合があります。

■プリンターをセットアップした状態。

　※ご使用のコンピューター、プリンター、セットアップなどの状態によって、画面の表示が本書と異なる場合があります。

リボンインターフェイスの外観

本書では、解像度が 1280 × 768 ピクセルの画面上に、最大化した状態のウィンドウを説明図として挿入しています。Excel 2019 で採用されているリボンインターフェイスは、ウィンドウのサイズによってリボン内の機能ボタンの表示が変化するため、本書と学習中の画面のボタンの形状が若干異なる場合があります。

《本書のリボンインターフェイスの外観》

《ウィンドウサイズが小さい状態のリボンインターフェイスの外観》

おことわり

本書発行後（2020 年 9 月以降）の機能やサービスの変更により、誌面の通りに表示されなかったり操作できなかったりすることがあります。その場合は適宜別の方法で操作してください。

事前の設定

画面を誌面掲載と同じ状態にして学習するには、Excel 2019 を以下の設定にしてください。

● 画面の表示モードを " 標準 " で使用する

画面下部の［標準］ボタンをクリックしてオンにします。または［表示］タブの［標準］ボタンをクリックします。

● 数式バーを表示する

［表示］タブの［数式バー］チェックボックスをオンにします。

● 行番号、列番号、目盛線を表示する

［表示］タブの［見出し］および［目盛線］チェックボックスをオンにします。

表記

○ **画面に表示される文字**

メニュー、コマンド、ボタン、ダイアログボックスなどで画面に表示される文字は、角かっこ（［　］）で囲んで表記しています。アクセスキー、コロン（:）、省略記号（…）、チェックマークなどの記号は表記していません。なお、ボタン名の表記がないボタンは、マウスでポイントすると表示されるポップヒントで表記しています。

○ **キー表記**

本書のキー表記は、どの機種にも対応する一般的なキー表記を採用しています。なお、2 つのキーの間にプラス記号（+）がある場合は、それらのキーを同時に押すことを示しています。

○ **マウス操作**

用語	意味
ポイント	マウスポインターを移動し、項目の上にポインターの先頭を置くこと
クリック	マウスの左ボタンを 1 回押して離すこと
右クリック	マウスの右ボタンを 1 回押して離すこと
ダブルクリック	マウスの左ボタンを 2 回続けて、すばやく押して離すこと
ドラッグ	マウスの左ボタンを押したまま、マウスを動かすこと

○ **マーク**

マーク	内容
STEP	操作の目的・概要
1	操作の手順
→	操作の結果
💬	操作に関する補足
OnePoint	補足的な情報

○ クラウド（OneDrive）の利用について

本書では、学習者の環境の違いを考慮し、ファイルの保存先をローカルに指定しています。クラウドへの保存操作は取り上げておりません。

○ 拡張子について

本書ではファイル名に拡張子を表記しておりません。操作手順などの画面図にも拡張子が表示されていない状態のものを使用しています。

実習用データ

本書で学習する際に使用する実習用データ（サンプルファイル）を、以下の方法でダウンロードしてご利用ください。

ダウンロード方法

① 以下のサイトにアクセスします（URL の末尾は、英字 1 文字と数字 5 桁です）。

> https://project.nikkeibp.co.jp/bnt/atcl/20/P60630/

② 関連リンクにある［実習用データのダウンロード］をクリックします。

※ファイルのダウンロードには日経IDおよび日経BPブックス＆テキストOnlineへの登録が必要になります（いずれも登録は無料）。

③ 表示されたページにあるそれぞれのダウンロードのアイコンをクリックして、適当なフォルダーにダウンロードします。

④ ダウンロードした zip 形式の圧縮ファイルを展開すると［スクール基礎 _Excel2019］フォルダーが作成されます。

⑤ ［スクール基礎 _Excel2019］フォルダーを［ドキュメント］フォルダーなどに移動します。

ダウンロードしたファイルを開くときの注意事項

インターネット経由でダウンロードしたファイルを開く場合、「注意——インターネットから入手したファイルは、ウイルスに感染している可能性があります。編集する必要がなければ、保護ビューのままにしておくことをお勧めします。」というメッセージバーが表示されることがあります。その場合は、［編集を有効にする］をクリックして操作を進めてください。

ダウンロードした zip ファイルを右クリックし、ショートカットメニューの［プロパティ］をクリックして、［全般］タブで［ブロックの解除］を行うと、上記のメッセージが表示されなくなります。

実習用データの内容

実習用データには、本書の実習で使用するデータと CHAPTER ごとの完成例などが収録されています。詳細については［スクール基礎 _Excel2019］フォルダー内にある［スクール基礎 _Excel2019_実習用データ .pdf］を参照してください。

Contents いちばんやさしい Excel 2019 スクール標準教科書　基礎

CHAPTER 1 Excel とは

CHAPTER **2** 数式を作成する

CHAPTER 3 表の体裁を整える

CHAPTER **4** 効率よくデータを入力・編集する

CHAPTER 5　グラフを作成する

CHAPTER **6** ワークシート操作と表の印刷

CHAPTER

1

Excelとは

Excel（エクセル）とはどのような役割を持つアプリケーションソフト（アプリ）なのでしょうか。ここでは Excel を使うための第一歩として、Excel で作成できる表の一例と Excel を使うための基礎的な知識を学習していきます。

1-1 Excelでできること

Excel（エクセル）は、仕事や生活で使うさまざまな表を作成できるアプリケーションソフトです。電卓などを使わず、間違いの少ない計算表を作成することができます。

一般的な計算表の他にも、グラフ、名簿、家計簿、スケジュール表など、多彩な表を作成することができます。もちろん作った表を印刷することもできます。

Excel で作成できるさまざまな表

自治会収支表

作成日：2020/10/5　　（単位：円）

	科目	4月	5月	6月	7月	8月	9月	合計
収入	自治会費	70,000	70,000	71,500	72,500	72,000	70,000	426,000
	入会費	3,000	0	9,000	6,000	0	3,000	21,000
	寄付金	0	30,000	0	20,000	10,000	0	60,000
	前期繰越金	46,000	0	0	0	0	0	46,000
	月別収入合計	119,000	100,000	80,500	98,500	82,000	73,000	553,000

	科目	4月	5月	6月	7月	8月	9月	合計
支出	事務費	35,000	24,500	18,600	39,500	26,500	34,400	178,500
	会議費	5,800	2,500	3,450	2,350	1,500	5,700	21,300
	備品費	850	1,350	980	3,450	2,300	6,890	15,820
	活動費	25,000	12,300	24,600	68,000	18,600	82,300	230,800
	雑費	580	0	230	890	0	400	2,100
	月別支出合計	67,230	40,650	47,860	114,190	48,900	129,690	448,520

業務日報

2020年　6　月　9　日　　火曜日

所属：営業サポート課　　氏名：

時間	訪問先	内容
10:00～	関西人材育成支援センター	売掛金の集金および定期メンテナンス
11:00～	本田印刷	トラブル対応（詳細別記）
13:00～	弓永由紀子税理士事務所	先日納品した新機種の使用方法についての説明
14:40～	生涯学習センター	新機種の納品
16:30～	倉沢経営コンサルティング	定期メンテナンスおよび新機種展示会の案内

特記事項
本田印刷様でのトラブル対応について
現象：起動エラーの誤表示
対応：修正プログラムを適用して解決しました

蔵書リスト

管理番号	分類	番号	本のタイトル	著者名ひらがな	出版社	出版社コード	出版年月日	状態
児-98-や	児童/学習	98	水道のしくみ	やまだひろこ	水野出版	SA-4873D5F	2020/6/10	○
趣-65-か	趣味/教養	65	川辺散歩を楽しもう	かわかみただし	カワハラ出版	SC-741P	2020/5/11	○
自-28-さ	自然/環境	28	水辺のいきもの	さとうみつこ	滝沢出版	FT-823K	2019/3/14	○
芸-43-し	芸術/工芸	43	うつわと水	しげひらあつお	泉水出版	OPT-u5187	2017/10/8	○
生-101-む	生活/文化	101	きれいな水の生活	むらかみななこ	海洋出版	WS-4153uc	2015/5/16	△
自-126-も	自然/環境	126	守ろうきれいな水	もりやまゆうこ	カワハラ出版	SC-741P	2014/11/5	○
児-57-あ	児童/学習	57	どこからどこへ水の旅	あわのこうじ	滝沢出版	FT-823K	2010/10/8	○
生-39-と	生活/文化	39	水のある暮らし	とおのたつひこ	海洋出版	WS-4153uc	2008/9/14	×
芸-1158-あ	芸術/工芸	1158	川と染物	あんどうゆきしげ	泉水出版	OPT-u5187	2007/8/23	○
児-66-か	児童/学習	66	手作り工作（川遊び）	かつのみつゆき	カワハラ出版	SC-741P	2005/5/13	○
趣-71-か	趣味/教養	71	水のある風景	かんだかずや	海洋出版	WS-4153uc	2002/6/12	○
自-502-み	自然/環境	502	100年前の地形	みつふじありとし	カワハラ出版	SC-741P	2000/7/20	△
芸-21-や	芸術/工芸	21	民芸と水	やなぎむねなお	泉水出版	OPT-u5187	1998/3/24	○
生-92-こ	生活/文化	92	水と暮らす人々	こつづかしげる	滝沢出版	FT-823K	1997/4/10	△

支店別売上集計表

	神奈川支店	札幌支店	福井支店	岡山支店	福岡支店	合計	平均
4月	1,284,300	2,425,900	895,600	954,100	1,843,600	7,403,500	1,480,700
5月	1,156,700	2,690,100	915,000	935,600	1,736,400	7,433,800	1,486,760
6月	924,800	2,283,000	1,052,300	892,400	1,624,100	6,776,600	1,355,320
7月	1,221,500	2,135,500	1,135,800	987,800	2,116,500	7,597,100	1,519,420
合計	4,587,300	9,534,500	3,998,700	3,769,900	7,320,600	29,211,000	5,842,200
平均	1,146,825	2,383,625	999,675	942,475	1,830,150	7,302,750	

4月-6月支店別売上比較

スポーツショップ売上表

	商品名	単価	数量	金額
サッカー	サッカーボール	2,500	36	¥90,000
	スパイクシューズ	7,700	24	¥184,800
	トレーニングウェア	4,600	32	¥147,200
	キーパーグローブ	8,500	10	¥85,000

	商品名	単価	数量	金額
野球	軟式野球ボール	450	150	¥67,500
	グラブ	6,300	22	¥138,600
	木製バット	4,100	18	¥73,800
	ヘルメット	3,900	13	¥50,700

	商品名	単価	数量	金額
テニス	テニスボール	550	180	¥99,000
	ラケット	9,900	28	¥277,200
	シューズ	5,900	26	¥153,400
	キャップ	2,100	33	¥69,300

Excel でできるさまざまな設定や効果

① 文字のサイズや書体などを自由に変更できます。

② マス目（セル）の背景に色を付けることができます。

③ 月数や曜日など規則的に連続するデータを入力できます。

④ 数式を作成して、計算結果を表示できます。

①自治会収支表

作成日： 2020/10/5　　　　　　　　　　　　　　　　　　（単位：円）

	科目	4月	5月	6月	7月	8月	9月	合計
収入	自治会費	70,000	70,000	71,500	72,500	72,000	70,000	426,000
	入会費	3,000	0	9,000	6,000	0	3,000	21,000
	寄付金	0	30,000	0	20,000	10,000	0	60,000
	前期繰越金	46,000	0	0	0	0	0	46,000
	月別収入合計	119,000	100,000	80,500	98,500	82,000	73,000	553,000

	科目	4月	5月	6月	7月	8月	9月	合計
支出	事務費	35,000	24,500	18,600	39,500	26,500	34,400	178,500
	会議費	5,800	2,500	3,450	2,350	1,500	5,700	21,300
	備品費	850	1,350	980	3,450	2,300	6,890	15,820
	活動費	25,000	12,300	24,600	68,000	18,600	82,300	230,800
	雑費	580	0	230	890	0	400	2,100
	月別支出合計	67,230	40,650	47,860	114,190	48,900	129,690	448,520

⑤ 複数のマス目を1つに結合できます。

⑥ 文字の方向を縦書きに変更できます。

⑦ 数値に桁区切り記号（カンマ）などを設定できます。

⑧ 表にさまざまな種類の線を引くことができます。

業務の効率化を図るため、生活の情報を記録してまとめるため、自治会などで会計簿を作るためなど、Excel が役立つシーンはたくさんあり、使用目的もさまざまですが、本書では Excel を使う上で誰もが身に付けておきたい基礎力を養います。それでは学習を始めましょう。

LESSON 1 | Excelを起動する

Excel を使うには、最初に起動と呼ばれる操作が必要です。起動とは、Excel を画面上に呼び出して使える状態にすることです。起動はスタート画面から行います。スタート画面は[スタート]ボタンをクリックすることで表示されます。[スタート]ボタンは画面左下にあります。

STEP スタート画面からExcelを起動して、"空白のブック"を表示する

1 画面左下の［スタート］ボタンをクリックします。

→ スタート画面が表示されます。

2 スタート画面のアプリの一覧の右側にマウスポインターを合わせます。

→ スクロールバーが表示されます。

3 表示されたスクロールバーを下方向にドラッグします。

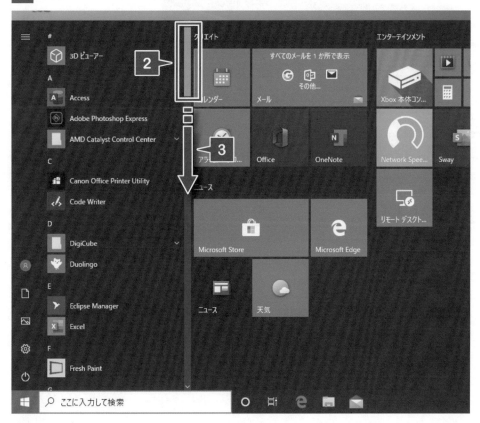

スタート画面に表示される内容は、お使いのパソコンの設定や環境によって異なります。

4 一覧から［Excel］をクリックします。

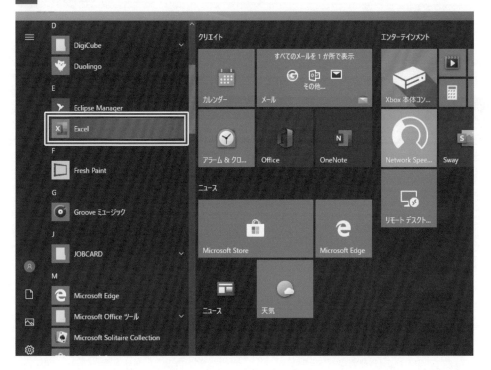

アプリの種類や順番はお使いのパソコンの設定や環境によって異なることがあるため、Excel が左図と異なる位置にある場合もあります。

→ Excel の起動が始まります。

左図が表示されている間は Excel の起動中です。

→ Excel の起動が完了し、テンプレートの選択ができる［ホーム］画面が表示されます。

5 ［空白のブック］をクリックします。

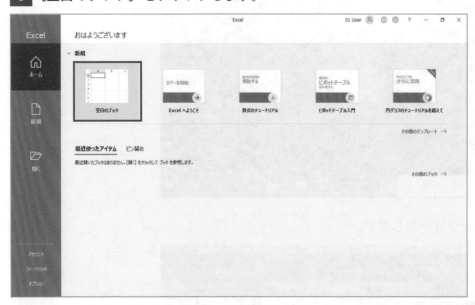

［空白のブック］が表示されていない場合は、［空白のブックを新規作成］をクリックします。

［空白のブック］の他に表示されているテンプレートの内容は変わることもあります。

→ Excel に " 空白のブック " が表示できました。

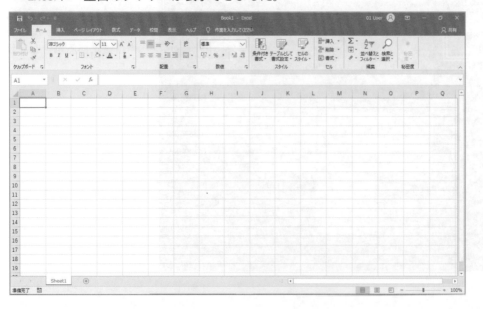

⊙ One Point 画面の表示モードについて

Excel には " 標準 "、" ページレイアウト "、" 改ページプレビュー " といった表示モードがあり、作業の
目的に応じてそれぞれを使い分けることができます。通常の編集時は " 標準 " を使用します。この時点
でそれ以外の表示モードになっている場合は、画面の下部にある［標準］ボタンをクリックして、表示
モードを標準に切り替えます。

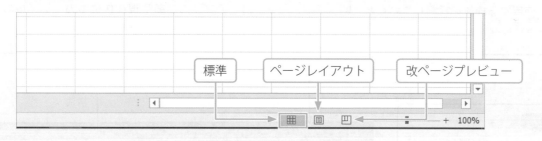

⊙ One Point テンプレートについて

Excel の起動直後に、さまざまな目的や形式に沿うテンプレート（表のサンプルのようなもの）の選択
画面が表示されます。表示される内容は常に同じではなく、Windows や Office のアップデートおよび
更新プログラムによって新しいテンプレートが追加されたり、以前あったテンプレートが無くなったり
することもあります。

自分が作成したいと考えている表に類似したテンプレートがある場合は、それを利用して表を作成して
いくこともできます。ただし、テンプレートには複雑な設定や計算式が組み込まれていることも多く、
初心者にとってはどう使ったらよいか反対に分かりにくい面もあります。

本書では白紙の状態から自分で表を作成する技術を学ぶことを前提としているため、テンプレートは使
用せず解説していきます。

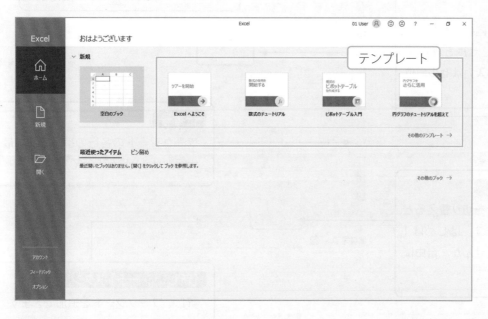

LESSON 2 | Excelの画面構成を確認する

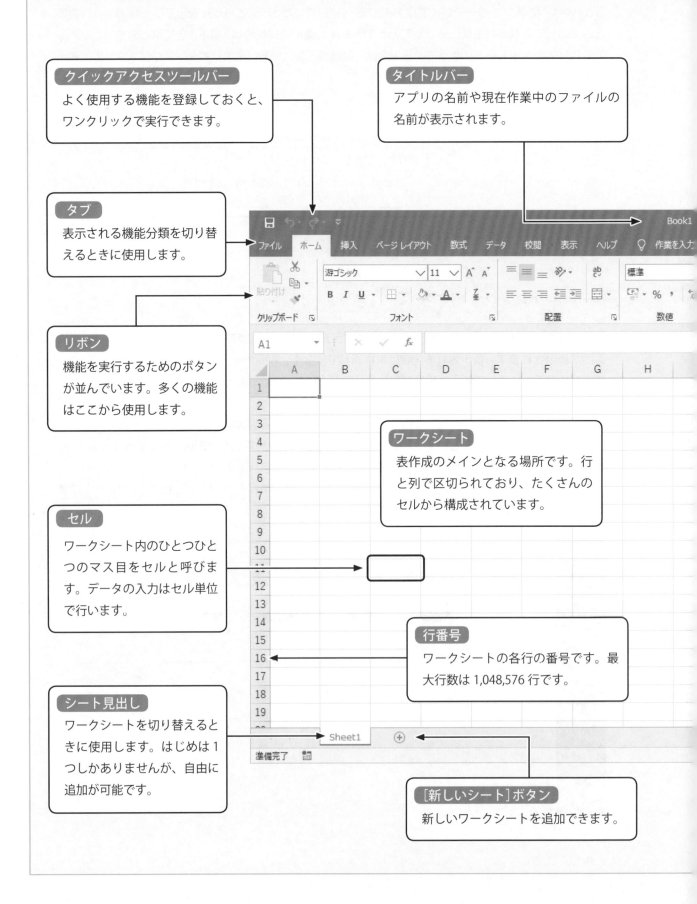

クイックアクセスツールバー
よく使用する機能を登録しておくと、ワンクリックで実行できます。

タイトルバー
アプリの名前や現在作業中のファイルの名前が表示されます。

タブ
表示される機能分類を切り替えるときに使用します。

リボン
機能を実行するためのボタンが並んでいます。多くの機能はここから使用します。

ワークシート
表作成のメインとなる場所です。行と列で区切られており、たくさんのセルから構成されています。

セル
ワークシート内のひとつひとつのマス目をセルと呼びます。データの入力はセル単位で行います。

行番号
ワークシートの各行の番号です。最大行数は 1,048,576 行です。

シート見出し
ワークシートを切り替えるときに使用します。はじめは1つしかありませんが、自由に追加が可能です。

[新しいシート]ボタン
新しいワークシートを追加できます。

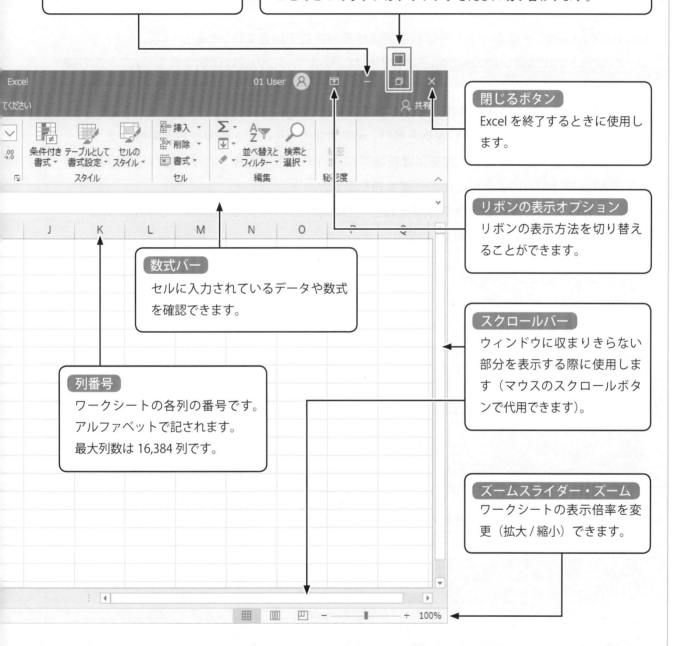

最小化ボタン
Excel のウィンドウを一時的に非表示にできます。タスクバーのボタンをクリックすると再表示されます。

最大化ボタン ☐
Excel のウィンドウを画面いっぱいまで広げることができます。

元に戻す(縮小)ボタン ☐
Excel のウィンドウを最大化する前のサイズに戻すことができます。
※この 2 つのボタンはクリックするたびに切り替わります。

閉じるボタン
Excel を終了するときに使用します。

リボンの表示オプション
リボンの表示方法を切り替えることができます。

数式バー
セルに入力されているデータや数式を確認できます。

スクロールバー
ウィンドウに収まりきらない部分を表示する際に使用します(マウスのスクロールボタンで代用できます)。

列番号
ワークシートの各列の番号です。アルファベットで記されます。最大列数は 16,384 列です。

ズームスライダー・ズーム
ワークシートの表示倍率を変更(拡大 / 縮小)できます。

※本書では Microsoft Office Professional Plus 2019 で Excel 2019 をインストールした環境(2020 年 6 月時点)で画面取得および動作検証をしています。それ以外の環境をお使いの場合は、表示されるメニューなどが異なることがあります。使用する時期によっては、 アップデート(更新)による変更が生じることもあります。

1-2 表作成を始める

Excel での表作成は、多くの場合データの入力から始めます。ここではデータを入力する場所であるワークシートとセルについてとデータ入力や修正の方法について学習していきます。

LESSON 1 | ワークシートとセルについて

Excel の画面には**ワークシート**と呼ばれる用紙が表示されています。

ワークシート内には薄い色の線が格子状に引かれています（この線は印刷されません）。この線で区切られたひとつひとつのマス目を**セル**と呼びます。セルは、データの入力、数式の作成、書式の設定など、多くの操作の基準となる重要な要素です。

また、垂直方向のセルのまとまりを列と呼び、水平方向のセルのまとまりを行と呼びます。ワークシートの上部には列番号が、左部には行番号がそれぞれ表示されており、これらを組み合わせて「A1」や「B2」のようにセルの位置を表します。

また現在選んでいるセルを**アクティブセル**と呼びます。アクティブセルは"セルポインター"と呼ばれる緑色の太い枠で囲まれています。

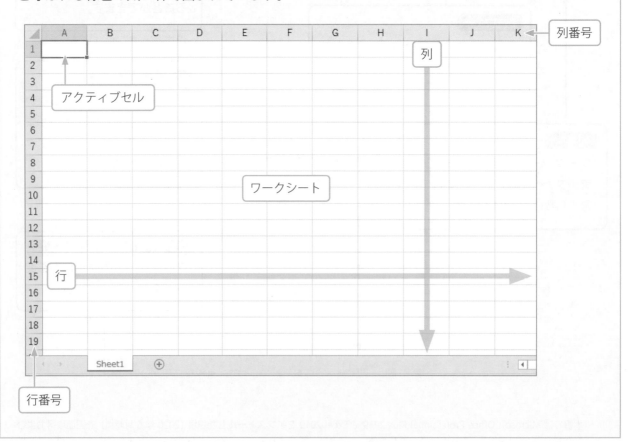

LESSON 2 ｜ セルに文字を入力する

キーボードから打ち込んだ文字などのデータは、アクティブセルに入力されます。そのためデータを入力する際はアクティブセルの位置に気を付ける必要があります。入力したいセルがアクティブセルではない場合は、まずアクティブセルの位置を移動します。

アクティブセルの位置を移動するには、マウスでクリックする、キーボードの方向キー（←↑↓→）を使う、Enter キーや Tab キーを使うなどの方法があります。

アクティブセルの移動に使用する主なキー

使用するキー	アクティブセルの移動方向
Enter キー	下
Tab キー	右
Shift キー + Enter キー	上
Shift キー + Tab キー	左
方向キー（←↑↓→）	左、上、下、右　それぞれの方向

また、文字を入力する際は、**日本語入力システム**のオン・オフの状態に注意します。状態の確認は画面下部のタスクバー右側のインジケーター（通知領域）で行えます。［あ］の表示はオン、［A］の表示はオフの状態を表します。オンのときは日本語を入力できますが、オフのときは英数字と一部の記号しか入力できません。オン・オフの切り替えはキーボードの**半角 / 全角キー**で行います。

データの入力後は Enter キーを押すなどして、アクティブセルを別のセルに移動することで、セルへの入力を決定（確定とも言います）できます。決定後にデータを修正するには、修正のための操作が必要となります（P.22「セルのデータを修正、削除する」参照）。

STEP セルA1 に表の見出しを入力する

1 セル A1 がアクティブセルであることを確認します。

2 画面右下のインジケーターに **あ** と **A** のどちらが表示されているかを確認します。

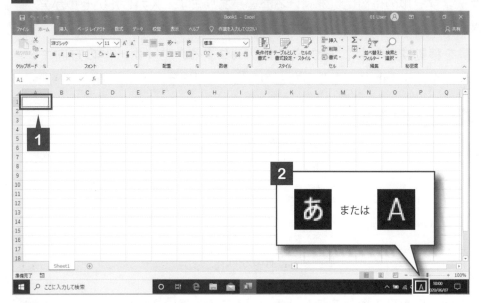

セル A1 がアクティブ
セルでない場合は、セ
ル A1 をクリックする
か、方向キーでセル
A1 になるよう移動し
ます。

3 インジケーターに **A** と表示されていた場合は、キーボードの半角 / 全角キーを押します。

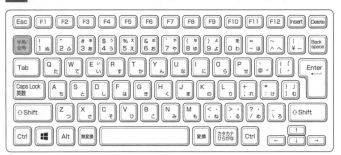

インジケーターの［A］
を直接クリックして
［あ］に切り替える方
法もあります。

→ インジケータの表示が **あ** に変わり、日本語が入力できる状態になります。

4 キーボードから下図のように入力します。

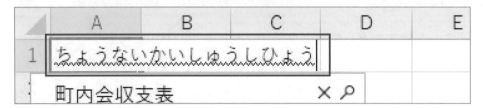

入力を開始するとカー
ソル（点滅する縦線。
入力位置を表す）が表
示されます。

5 スペースキーまたは変換キーを押して変換します。

	A	B	C	D	E
1	町内会収支表				
2					

入力した文字がセル
A1 からはみ出します
が、問題はありません。

6 Enter キーを押して文字の変換を確定します。

	A	B	C	D	E
1	町内会収支表				
2					

この時点ではまだセル内にカーソルが表示されています。

7 再度、Enter キーを押してセルへの入力を決定します。

→ セル A1 に文字データを入力できました。

	A	B	C	D	E	F
1	町内会収支表					
2						
3						
4						
5						

別のセルがアクティブセルになることで現在のセルへの入力が決定されるため、Enter キー以外の操作でアクティブセルを移動してもかまいません。

→ 画面下部のステータスバーの左端には［準備完了］と表示されます。

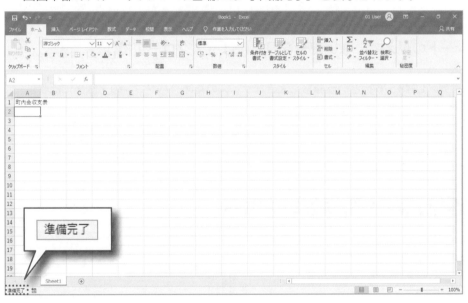

準備完了

次のセルへの入力の準備が完了しているという意味です。

STEP セルB4 に文字を入力する

1 同様の方法で、セル B4 に下図の文字を入力します。

	A	B	C	D	E	F
1	町内会収支表					
2						
3						
4		集金				
5						

入力を間違った場合は、P.22 の「セルのデータを修正、削除する」を参考に修正してください。

⬅ OnePoint　画面の表示を拡大 / 縮小する

入力した文字が小さすぎる、または大きすぎて見づらい場合は、表示を拡大 / 縮小することができます。
表示の拡大 / 縮小には画面右下の " ズームスライダー " を使用します。

スライダーの ⊞ マーク、⊟ マークをクリックすることで 10% ずつの拡大縮小が行えます。また、⬛
を左右にドラッグしても拡大 / 縮小することができます。現在の表示倍率はズームスライダーの右側で
確認できます。

なお、この拡大/縮小の効果は画面の表示上だけのものです。印刷時の文字の大きさに影響はありません。

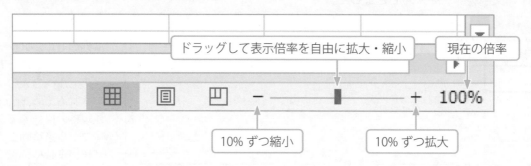

ドラッグして表示倍率を自由に拡大・縮小　　現在の倍率

10% ずつ縮小　　10% ずつ拡大

⬅ OnePoint　ワークシートの見えていない部分を見るには（スクロール操作）

ワークシートは 16,384 列、1,048,576 行という非常に大きなサイズのため、パソコンの 1 画面には収まりません。そこでワークシートの見えていない部分を見るために " スクロール " という操作を行います。
スクロールには垂直スクロール（縦方向）と水平スクロール（横方向）の 2 種類があります。
画面右側の " 垂直スクロールバー " と、画面下部の " 水平スクロールバー " のスクロールボックスをドラッグするか、⬆⬇ をクリックすることでスクロールが行えます。

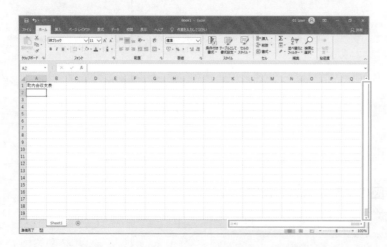

また、ワークシート内にマウスポインターがある状態で、マウスのスクロールホイールを転がすことでも簡単に垂直スクロールを行うことができます。

上方向にスクロール

下方向にスクロール

LESSON 3 | セルに数値を入力する

セルに数値を入力し確定すると、数値が自動的にセル内で右揃えになります。

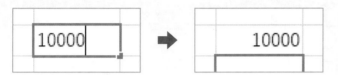

数値入力は、日本語入力システムがオン・オフのどちらでも行うことができます。ただし、オンの場合は確定に必要な Enter キーを押す操作が 1 回増えます。そのため、数値データを数多く入力するときなどは日本語入力システムをオフにした方がスムーズに進められます。

STEP セルC4 に「10000」と入力する

1 セル C4 をクリックしてアクティブにします。

	A	B	C	D	E	F
1	町内会収支表					
2						
3						
4		集金				
5						

方向キーを使用して、セル C4 をアクティブセルにすることもできます。

2 キーボードの［半角 / 全角］キーを押して、日本語入力システムをオフに切り替えます。

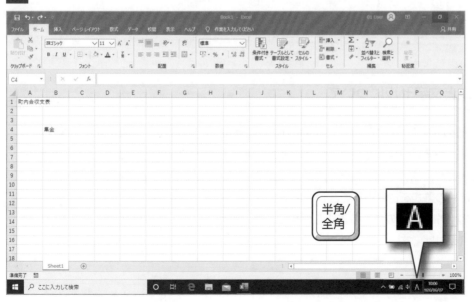

3 キーボードから「10000」と入力します。

キーボードにテンキー（数字キーが電卓のように並んだ箇所）がある場合は、そちらを利用すると数値の入力がしやすくなります。

4 Enter キーを押してセルへの入力を決定します。

	A	B	C	D	E	F
1	町内会収支表					
2						
3						
4		集金	10000			
5						
6						

Enter キーを押す回数は、日本語入力オフの状態では1回、オンの状態では2回です。オンのときは変換の確定のための Enter キー操作が余計に必要だからです。

→ セル C4 に数値データを入力できました。

	A	B	C	D	E	F
1	町内会収支表					
2						
3						
4		集金	10000			
5						
6						

数値データは自動的にセル内で右揃えされます。また、たとえ全角で入力しても決定と同時に半角に変換されます。

⊕ OnePoint　数値セルと文字セルについて

Excel では、セルに数値のみを入力した場合、そのセルは"数値セル"と見なされ、計算に利用できたり、桁区切り記号（カンマ）や通貨記号など数値のための書式を付与できたりします。一方、セルに数値と文字を組み合わせて入力した場合（例：10000円、10名など）は、"文字セル"と見なされ、計算には利用できず、数値のための書式を付与することもできません。

計算に利用する予定のセルや数値のための書式を付与しようと考えているセルには数値のみを入力し、文字は含めないよう気を付けます。

LESSON 4 | 複数のセルを選択する

複数のセルに何らかの設定を行いたい場合は、最初にそれらのセルを選択する必要があります。たとえば表に線を引く、セルの背景色を塗りつぶす、不要なデータを一度に消すなどのシーンです。この操作はセルの範囲選択と呼ばれます。範囲選択はセル単位だけでなく、行単位や列単位でも行えます。

STEP セルA1～C4 を範囲選択する

1 選択を開始するセル（セル A1）にマウスポインターを合わせます。

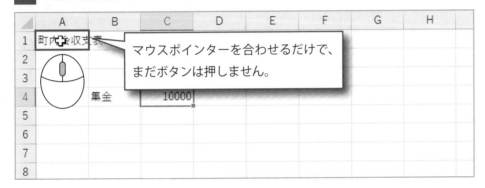

マウスポインターを合わせるだけで、まだボタンは押しません。

2 ボタンを押して、そこからセル C4 までドラッグします。

ドラッグは、マウスの左ボタンを押しながらマウスを動かし、終点となる位置で左ボタンを離す操作です。

→ 複数のセルを範囲選択できました。

STEP 範囲選択を解除する

1 ワークシート内の任意のセルをクリックします。

	A	B	C	D	E	F	G	H
1	町内会収支表							
2					✛			
3								
4		集金	10000					
5								
6								
7								

→ 範囲選択が解除され、クリックしたセルがアクティブになります。

	A	B	C	D	E	F	G	H
1	町内会収支表							
2								
3								
4		集金	10000					
5								
6								
7								

別のセルを選択すると、それまでの範囲選択は解除される仕組みです。

STEP 複数の列（B列〜D列）を範囲選択する

1 選択を開始する列（B列）の列番号にマウスポインターを合わせます。

	A	↓ B	C	D	E	F
1	町内会収支表					
2						
3						
4		集金	10000			
5						

→ マウスポインターの形が ↓ に変化します。

2 そこから D 列の列番号までドラッグします。

	A			✛ D	1048576R x 3C	F
1	町内会収支表					
2						
3						
4		集金	10000			
5						

→ 複数の列を範囲選択できました。

このように範囲選択すると、複数の列幅を調整するときなどに一度に操作できます。

1 列だけを選択する場合は、選択したい列番号をクリックします。

STEP 複数の行（2 行目〜5 行目）を範囲選択する

1 選択を開始する行（2 行目）の行番号にマウスポインターを合わせます。

→ マウスポインターの形が ➡ に変化します。

2 そこから 5 行目の行番号までドラッグします。

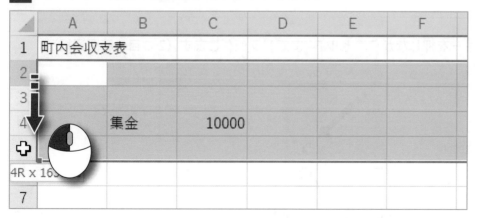

→ 複数の行を範囲選択できました。

STEP 離れたセル範囲（セルA1～B4とセルE1～F4）を選択する

1 セル A1 ～ B4 を範囲選択します（1つ目の範囲選択）。

2 セル E1 にマウスポインターを合わせます。

マウスポインターを合わせるだけで、まだボタンは押しません。

3 キーボードの Ctrl キーを押しながら、セル F4 までドラッグします（2つ目の範囲選択）。

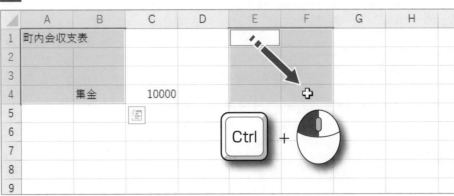

Ctrl +

→ 離れたセル範囲を選択できました。

	A	B	C	D	E	F	G	H
1	町内会収支表							
2								
3								
4		集金	10000					
5								
6								
7								
8								
9								

離れたセル範囲を3つ
以上選択したい場合も
操作は同様です。

4 ワークシート内の任意のセルをクリックして選択を解除します。

	A	B	C	D	E	F	G	H
1	町内会収支表							
2								
3								
4		集金	10000					
5								
6								
7								
8								
9								

One Point 選択後に範囲を拡張、縮小するには

範囲選択後に範囲を拡張、縮小したいときは、その位置のセルを Shift キーを押しながらクリックします。

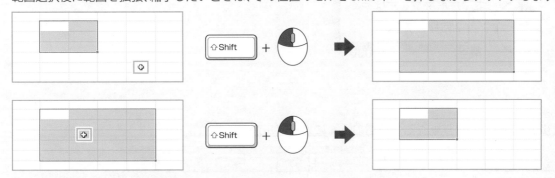

他にも、Shift + 方向キーで選択範囲の拡張、縮小を行うこともできます。

また、離れたセル範囲を選択するときの Ctrl + ドラッグは、選択範囲を追加するときだけでなく、解除するときにも使用できます。

LESSON 5 | セルのデータを修正、削除する

セルのデータを決定後に修正するときは、変更内容によって、以下のように操作が異なります。

部分修正

データを一部分だけ修正する操作です。

対象セル内でいったんダブルクリックまたは F2 キーを押してカーソルを表示させてから修正します。

上書き入力

データをまったく別の内容に入力し直す操作です。

対象セルをアクティブセルにして、そのまま新しくデータを入力します。

消去(クリア)

データを消去する操作です。

対象セルをアクティブセルにして、Delete (Del)キーを押します。

STEP セルA1 のデータを「自治会収支表」に修正(部分修正)する

---

1 修正したいセル(セル A1)にマウスポインターを合わせ、ダブルクリックします。

	A	B	C	D	E	F
1	町内会収支表					
2						
3						
4		集金	10000			
5						
6						

左ボタンをすばやく
2 回押します。

セル A1 内ならどの位置でもかまいません。

→ セル A1 のダブルクリックした位置の近くにカーソルが表示されます。

	A	B	C	D	E	F
1	町内会収支表					
2						
3						
4		集金	10000			
5						
6						

→ 画面下部のステータスバーの左端には［編集］と表示されます。

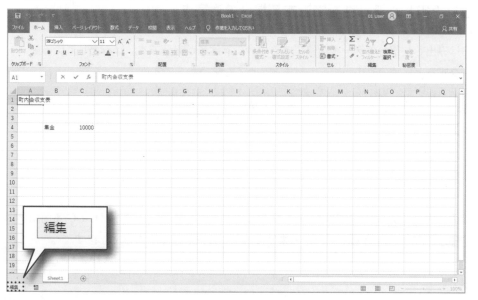

編集

---

2 カーソルを "町内" と "会" の間に移動します。

	A	B	C	D	E	F
1	町内会収支表					
2	↑					
3						

カーソルの移動には方向キーを使用します。

---

3 キーボードの Backspace キーを 2 回押して、"町内" という文字を削除します。

	A	B	C	D	E	F
1	会収支表					
2			Back space			
3						

---

4 「自治」と入力し、Enter キーを押してセルへの入力を決定します。

	A	B	C	D	E	F
1	自治会収支表					
2						
3						

日本語入力システムをオンに切り替えて入力します。

→ セルのデータを部分的に修正（部分修正）できました。

	A	B	C	D	E	F
1	自治会収支表					
2						
3						

⏎OnePoint　セルからはみ出したデータを修正する場合の注意点

下図のようにセルからはみ出した部分のデータを修正する場合には注意が必要です。はみ出している箇所を直接ダブルクリックすると、隣のセルが修正の対象となってしまうからです。

この位置でダブルクリックすると…

セル B1 が対象になってしまいます。

この場合は、データが入力されているセル内でいったんダブルクリックしてから、はみ出している箇所までカーソルを移動するか、F2 キーを押してデータの末尾にカーソルを表示するようにします。

⏎OnePoint　セルの［入力］状態と［編集］状態での方向キーの違い

入力済みセルにダブルクリックや F2 キーでカーソルを表示して部分修正をしているときはステータスバーに［編集］と表示されます。この状態のときは方向キーを押すとセル内でカーソルが移動します。

一方、空白セルに入力するときや入力済みセルに上書き入力するときは、ステータスバーに［入力］と表示され、方向キーを押すとアクティブセルが移動し、セルへの入力が決定されます。

［入力］状態でカーソルを移動したい場合は、一度 F2 キーを押して［編集］状態に切り替えます。

STEP セルB4 のデータを「自治会費」に修正（上書き入力）する

1 修正したいセル（セル B4)をアクティブにします。

	A	B	C	D	E	F
1	自治会収支表					
2						
3						
4		集金	10000			
5						

2 キーボードから「じちかいひ」と入力します。

	A	B	C	D	E	F
1	自治会収支表					
2						
3						
4		じちかいひ				
5		自治会費		× ♀		

はじめに入力していた
データは、新しいデー
タに上書きされて消え
るため、自分でデータ
を消去する必要はあり
ません。

→ 画面下部のステータスバーの左端には［入力］と表示されます。

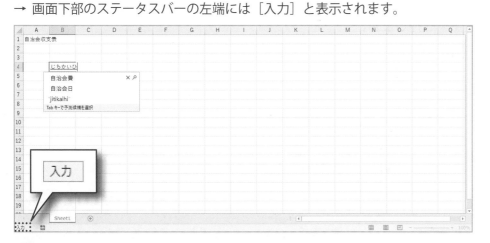

3 漢字に変換し、Enter キーでセルへの入力を決定します。

	A	B	C	D	E	F
1	自治会収支表					
2						
3						
4		自治会費				
5						

→ セルのデータを別の内容に修正（上書き修正）できました。

	A	B	C	D	E	F
1	自治会収支表					
2						
3						
4		自治会費	10000			
5						

STEP セルC4 のデータをクリア（消去）する

1 データをクリアしたいセル（セル C4)をアクティブにします。

	A	B	C	D	E	F
1	自治会収支表					
2						
3						
4		自治会費	10000			
5						

2 キーボードの Delete キーを押します。

	A	B	C	D	E	F
1	自治会収支表					
2						
3						
4		自治会費		Delete		
5						
6						

→ セルのデータを消去できました。

STEP その他のデータを入力する

1 ここまで学習した文字入力の方法で、下図のようにデータを入力します。

	A	B	C	D	E	F	G	H
1	自治会収支表							
2		作成日：					（単位：円）	
3	収入	科目	4月				合計	
4		自治会費						
5		入会費						
6		寄付金						
7		前期繰越金						
8		月別収入合計						
9								
10	支出	科目	4月				合計	
11		事務費						
12		会議費						
13		活動費						
14		雑費						
15		月別支出合計						
16								

One Point 操作を元に戻すには

クイックアクセスツールバーの［元に戻す］ボタンを利用すると、このボタンをクリックするたびに操作の履歴をたどって、操作前の状態に戻していくことができます。また、操作を戻しすぎてしまったときに使用する［やり直し］ボタンも用意されています。

［元に戻す］ボタン	［やり直し］ボタン
操作前の状態に戻します。	［元に戻す］ボタンで操作を戻しすぎたときに使用します。

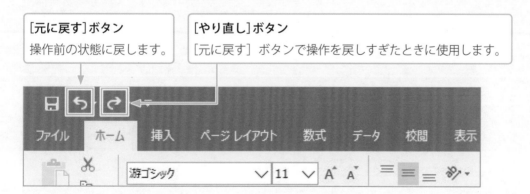

［元に戻す］と［やり直し］どちらのボタンにもある右側の▼をクリックすると、数手順前の操作までまとめて戻したり、やり直したりすることができます。

⊕ OnePoint　複数セルを選択してクリアする場合の注意点

レッスンでは、1つのセルのデータをクリアしましたが、下図のように複数のセルを選択した状態でデータを削除することもできます。この場合、Delete キーを使ったときと、Backspace キーを使ったときには消去できる範囲に違いがあります。

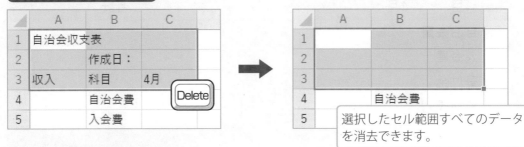

Delete キーによる消去

	A	B	C	
1	自治会収支表			
2		作成日：		
3	収入	科目	4月	Delete
4		自治会費		
5		入会費		

➡

	A	B	C	
1				
2				
3				
4		自治会費		
5				

選択したセル範囲すべてのデータを消去できます。

Backspace キーによる消去

	A	B	C	
1	自治会収支表			
2		作成日：		
3	収入	科目	4月	Back space
4		自治会費		
5		入会費		

➡

	A	B	C	
1				
2		作成日：		
3	収入	科目	4月	
4		自治会費		
5				

先頭セルのデータしか消去できません。

1-3 効率よくデータを入力する

基本のデータ入力ができるようになったら、次は効率よくデータを入力する方法を学習します。
ここで紹介する方法を身に付けると、データ入力の速度がアップし、作業にかかる負担を軽減できます。

LESSON 1 | 日付を"月日"形式で入力する

日付を"○月○日"という形式で入力したいときは、記号"/（スラッシュ）"を用いて簡単に入力できます。この方法で入力したセルには"日付の表示形式"が記憶されるという特徴があります。

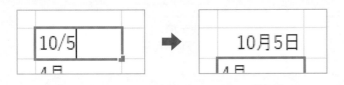

STEP セルC2 に「10月5日」と入力する

1 セル C2 をアクティブにします。

	A	B	C	D	E	F
1	自治会収支表					
2		作成日：				
3	収入	科目	4月			合
4		自治会費				
5		入会費				

2 「10/5」と入力し、Enter キーを押してセルへの入力を決定します。

	A	B	C	D	E	F
1	自治会収支表					
2		作成日：	10/5			
3	収入	科目	4月			合
4		自治会費				
5		入会費				

→ 自動的に " ○月○ 日 " の形式に変換されます。

	A	B	C	D	E	F
1	自治会収支表					
2		作成日：	10月5日			
3	収入	科目	4月			合
4		自治会費				

⟲ OnePoint　**日付データを一度入力したセルには日付の表示形式が記憶される**

日付データを一度入力したセルには、自動的に日付の表示形式が記憶されます。この表示形式は Delete キーでデータを消してもセルに残り続けます。そのため、同じセルに数値データを入力すると強制的に日付の表示形式に変更されてしまいます。

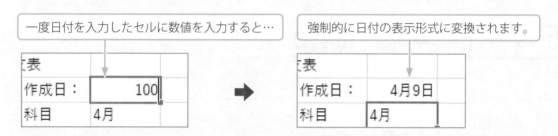

一度日付を入力したセルに数値を入力すると…　　強制的に日付の表示形式に変換されます。

日付の表示形式を解除したい場合は、対象のセルを選択してから、[ホーム] タブの [数値の書式] ボックスの ☑ をクリックし、[標準] をクリックします。

LESSON 2 | 連続性のあるデータを入力する

Excel では "日・月・火・水・木・金・土" や "1月・2月・3月・4月…" などの規則的に連続するデータを入力するときは、1 つ目のセルを基に続きを自動入力することができます。この機能をオートフィルと呼びます。オートフィルはアクティブセルの右下に表示されるフィルハンドルで操作を行います。

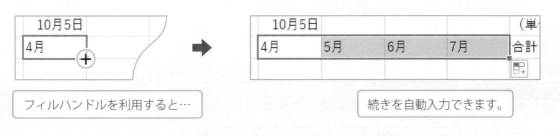

| フィルハンドルを利用すると… | | 続きを自動入力できます。 |

STEP セルC3 〜F3 に「4 月」〜「7 月」の連続データを入力する

1 セル C3 をアクティブにします。

	A	B	C	D	E	F	G
1	自治会収支表						
2		作成日：	10月5日				(単位：
3	収入	科目	4月				合計
4		自治会費					
5		入会費					
6		寄付金					

2 アクティブセルの右下にあるフィルハンドルにマウスポインターを合わせます。

	A	B	C	D	E	F	G
1	自治会収支表						
2		作成日：	10月5日				(単位：
3	収入	科目	4月				合計
4		自治会費					
5		入会費					
6		寄付金					

→ マウスポインターの形が ✛ に変わります。

3 セル F3 までドラッグします。

	A	B	C	D	E	F	G
1	自治会収支表						
2		作成日：	10月5日				(単位：
3	収入	科目	4月				合計
4		自治会費					7月
5		入会費					
6		寄付金					

→ 月数の連続データをまとめて入力することができました。

	A	B	C	D	E	F	G
1	自治会収支表						
2		作成日：	10月5日				(単位：
3	収入	科目	4月	5月	6月	7月	合計
4		自治会費					
5		入会費					
6		寄付金					

操作直後はセル範囲が選択された状態になります。任意のセルをクリックして選択を解除しておきます。

4 同様の方法で、下図のようにセル C10 〜 F10 に連続データを入力します。

	A	B	C	D	E	F	G
1	自治会収支表						
2		作成日：	10月5日				(単位：
3	収入	科目	4月	5月	6月	7月	合計
4		自治会費					
5		入会費					
6		寄付金					
7		前期繰越金					
8		月別収入合計					
9							
10	支出	科目	4月	5月	6月	7月	合計
11		事務費					
12		会議費					
13		活動費					
14		雑費					
15		月別支出合計					
16							

作成した連続データの右下に表示された小さなアイコンは"オートフィルオプション"と呼ばれるものです。

⊘ One Point　オートフィルオプションについて

オートフィル機能を使って連続データを入力すると、"オートフィルオプション"のアイコンが表示されます。このアイコンをクリックすると、作成した連続データに対して追加設定や補助設定を行うためのコマンド（命令）が表示されます。

科目	4月	5月	6月	7月	合計	オートフィルオプション
事務費						
会議費						
活動費						
雑費						
月別支出合計						

- ○ セルのコピー(C)
- ◉ 連続データ(S)
- ○ 書式のみコピー (フィル)(F)
- ○ 書式なしコピー (フィル)(O)
- ○ 連続データ (月単位)(M)

オプションの種類	効　果
セルのコピー	セルのデータと書式(セルの装飾)がコピーされます。
連続データ	連続データが入力されます(可能なデータのみ)。
書式のみコピー	書式のみがコピーされます。
書式なしコピー	書式はコピーされず、セルのデータのみがコピーされます。
連続データ (日単位)	「4月1日、4月2日、4月3日…」のように連続した日付が入力されます。
連続データ (週日単位)	月曜日から金曜日までの日付が入力されます(土曜日と日曜日は飛ばします)。
連続データ (月単位)	「4月1日、5月1日、6月1日…」のように1カ月おきの日付が入力されます。
連続データ (年単位)	「2020年4月1日、2021年4月1日…」のように1年おきの日付が入力されます。

※日単位、週日単位、月単位、年単位は、日付の連続データを入力したときだけ表示されるオプションです。

LESSON 3 | 選択した範囲内に効率よくデータを入力する

データの入力範囲が複数の行と列にわたる場合、事前に範囲選択してから入力を行うと、アクティブセルの移動にかかる手間を最小限に済ませることができます。

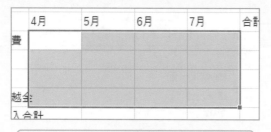

あらかじめ入力範囲を選択しておくと…

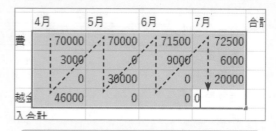

その範囲だけに効率よく入力できます。

STEP セルC4 ～ F7 に効率よく数値データを入力する

1 セル C4 ～ F7 を選択します。

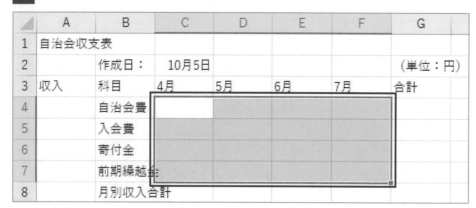

複数のセルを選択しているとき、アクティブセルは白く表されます（左図の C4 の状態）。

2 キーボードの［半角 / 全角］キーを押して、日本語入力システムをオフにします。

3 セル C4 に「70000」と入力し、Enter キーを押してセルへの入力を決定します。

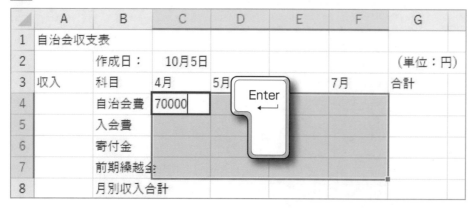

→ アクティブセルが 1 つ下へ移動します。

3	収入	科目	4月	5月	6月	7月	合計
4		自治会費	70000				
5		入会費					
6		寄付金					
7		前期繰越金					
8		月別収入合計					

4 同様の操作を繰り返して、下図のようにセル C7 まで数値データを入力します。

5 セル C7 がアクティブセルの状態で、Enter キーを押します。

	A	B	C	D	E	F	G
1	自治会収支表						
2		作成日：	10月5日				（単位：円）
3	収入	科目	4月	5月	6月	7月	合計
4		自治会費	70000				
5		入会費	3000	Enter			
6		寄付金	0				
7		前期繰越金	46000				
8		月別収入合計					

→ 隣列の先頭セル（セル D4）がアクティブセルになります。

	A	B	C	D	E	F	G
1	自治会収支表						
2		作成日：	10月5日				（単位：円）
3	収入	科目	4月	5月	6月	7月	合計
4		自治会費	70000				
5		入会費	3000				
6		寄付金	0				
7		前期繰越金	46000				
8		月別収入合計					

6 同様の操作を繰り返して、選択範囲内に数値データをすべて入力します。

	A	B	C	D	E	F	G
1	自治会収支表						
2		作成日：	10月5日				（単位：円）
3	収入	科目	4月	5月	6月	7月	合計
4		自治会費	70000	70000	71500	72500	
5		入会費	3000	0	9000	6000	
6		寄付金	0	30000	0	20000	
7		前期繰越金	46000	0	0	0	
8		月別収入合計					

7 セル F7 まで入力が済んだら、任意のセルをクリックして選択を解除します。

→ セル範囲内にデータを効率よく入力できました。

	A	B	C	D	E	F	G
1	自治会収支表						
2		作成日：	10月5日				（単位：円）
3	収入	科目	4月	5月	6月	7月	合計
4		自治会費	70000	70000	71500	72500	
5		入会費	3000	0	9000	6000	
6		寄付金	0	30000	0	20000	
7		前期繰越金	46000	0	0	0	
8		月別収入合計					
9							
10	支出	科目	4月	5月	6月	7月	合計
11		事務費					
12		会議費					
13		活動費					
14		雑費					
15		月別支出合計					
16							

8 同様の操作で、セル C11 ～ F14 に数値データを入力します。

	A	B	C	D	E	F	G
1	自治会収支表						
2		作成日：	10月5日				（単位：円）
3	収入	科目	4月	5月	6月	7月	合計
4		自治会費	70000	70000	71500	72500	
5		入会費	3000	0	9000	6000	
6		寄付金	0	30000	0	20000	
7		前期繰越金	46000	0	0	0	
8		月別収入合計					
9							
10	支出	科目	4月	5月	6月	7月	合計
11		事務費	35000	24500	18600	39500	
12		会議費	5800	2500	3450	2350	
13		活動費	25000	12300	24600	1500	
14		雑費	580	0	230	890	
15		月別支出合計					
16							

1-4 ブックを保存、再開する

表の作成を中断するときや、表が完成したときには**保存**という操作が必要です。保存をすれば表をデータファイルとして残すことができます。Excelではこのデータファイルのことを**ブック**と呼びます。ブックはいつでも呼び出して作業を再開できます。

LESSON 1 | ブックに名前を付けて保存する

保存の作業は、次の3点に気を付けて行います。

保存する場所	ブックは"フォルダー"と呼ばれるパソコン上の仮想の入れ物に保存します。フォルダーはパソコン内に複数あるため、どのフォルダーに保存したかを覚えておくようにします。
ファイル名	ブックの内容に適した名前(ファイル名)を自分で付けます。後で作業を再開するときに、ファイル名を頼りにブックを探すので、中身が推測できる名前を付けます。
ファイルの種類	保存時にファイルの種類を指定することができます。標準の"Excelブック"以外に"Excel97-2003ブック"、"CSV(カンマ区切り)"など、多くの種類が用意されており、状況に応じて使い分けます。

本書では以下の設定で作成中のブックを保存します。

・保存する場所　……「スクール基礎_Excel2019」フォルダー内の[CHAPTER1]フォルダー
・ファイル名　　……「自治会収支表」
・ファイルの種類……「Excelブック」形式

STEP ブックに「自治会収支表」という名前を付けて保存する

1　[ファイル]タブをクリックします。

2 ［名前を付けて保存］をクリックします。

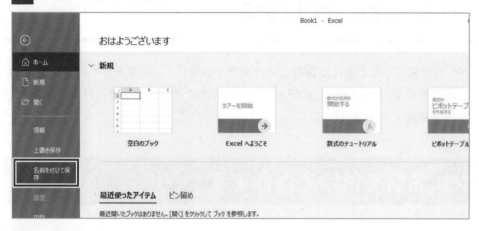

3 ［参照］をクリックします。

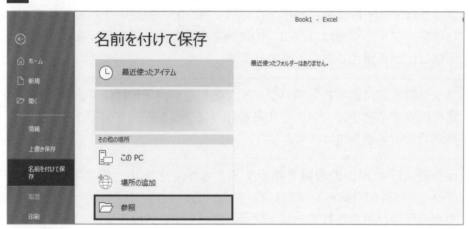

→ ［名前を付けて保存］ダイアログボックスが表示されます。

4 ［ドキュメント］をクリックします。

5 ［スクール基礎_Excel2019］のフォルダーをダブルクリックします。

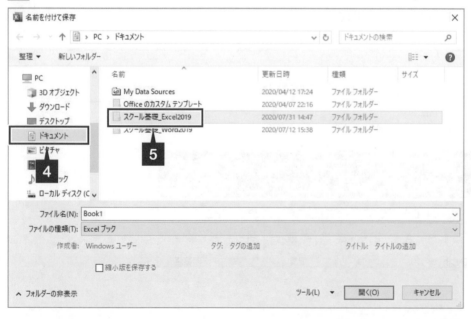

6 ［CHAPTER1］のフォルダーをダブルクリックします。

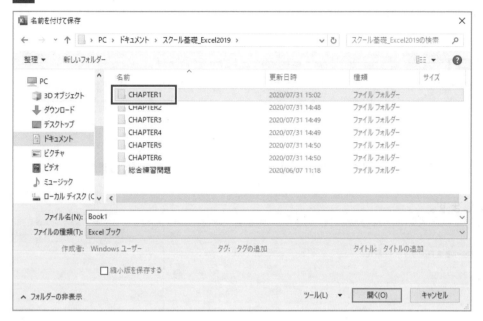

7 ［ファイル名］ボックス内をクリックします

→ ［ファイル名］ボックス内の文字列が青色で選択されます。

この時点の［ファイル名］ボックスには、"Book1" などの一時的な名前が表示されています。

8 Backspace キーを押してボックス内の文字列を削除します。

9 「自治会収支表」と入力します。

10 ［ファイルの種類］ボックスに［Excel ブック］と表示されていることを確認します。

11 ［保存］をクリックします。

→ 作成したブックを「自治会収支表」という名前で保存できました。

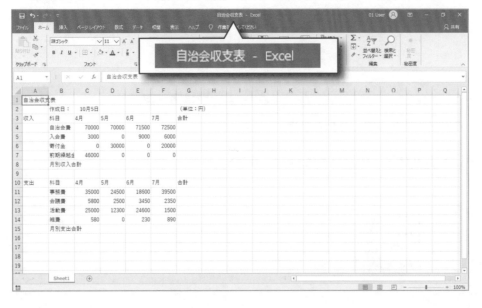

画面上部にブックの名前（ファイル名）が表示されていることが確認できます。

OnePoint ［名前を付けて保存］ダイアログボックスのショートカットキー

［名前を付けて保存］ダイアログボックスは、F12 キーを押すと、より簡単に表示できます。

OnePoint 保存先のフォルダーを変更するには

本書では、ブックを［ドキュメント］フォルダーの下位フォルダーに保存しましたが、［デスクトップ］
や［ピクチャ］などの他のフォルダーや、フラッシュメモリ（USB メモリや SD カード）などの他のド
ライブに保存したい場合は、［名前を付けて保存］ダイアログボックスのナビゲーションウィンドウか
ら保存する場所を選択します。

LESSON 2 | ブックを閉じる（作業を中断）

1つのブックを作成した後、別のブックの作成を始めたいときは、Excelを終了するのではなく、
作成が終了したブックだけを閉じるのが効率的です

STEP　Excelを起動したままブックのみを閉じる

1 ［ファイル］タブをクリックします。

2 ［閉じる］をクリックします。

→ ブックだけが閉じられ、Excelのウィンドウは引き続き利用できる状態になっています。

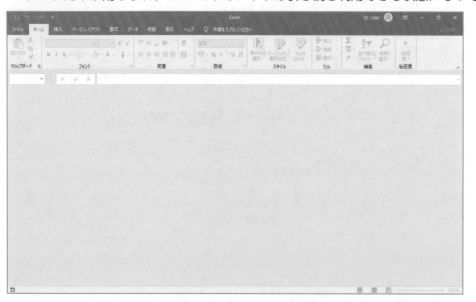

ブックを修正した後、
上書き保存していない
場合には［変更内容を
保存しますか？］とい
うダイアログボックス
が表示されます。

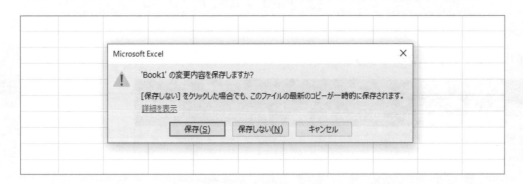 OnePoint **保存を確認するメッセージ**

保存せずにブックを閉じようとすると、保存を確認するメッセージが表示されます。
[保存]をクリックすると、上書き保存または名前を付けて保存が実行されます。
[保存しない] をクリックすると、ブックを保存せずに閉じます。作成していたブックは次の OnePoint
で紹介する「保存せずに閉じたブックの復元」の操作をしないと開くことができません。
[キャンセル]をクリックすると、ブックを閉じようとした操作をキャンセルできます。

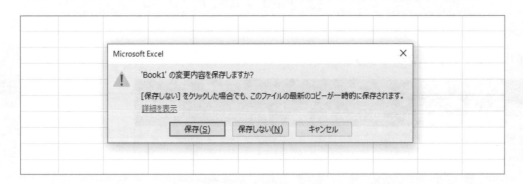

 OnePoint **保存せずに閉じたブックの復元**

何らかのトラブルで、ブックを保存しないまま閉じてしまった場合は、以下の方法でブックを復元できる可能性があります。

[ファイル] タブの [開く] をクリックして、[開く] 画面の [保存されていないブックの回復] をクリックします。[ファイルを開く] ダイアログボックスの [UnsavedFiles] フォルダーが開くので "名前" や "更新日時" を手がかりに復元したいブックを探して開きます。

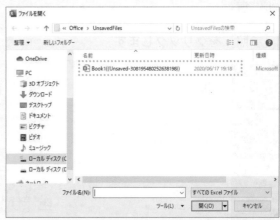

LESSON 3 | ブックを開く（作業を再開）

保存して閉じたブックを再度画面に呼び出すことを開くと言います。ここでは先ほど保存した
ブック「自治会収支表」を開きます。

STEP ブック「自治会収支表」を開く

1 ［ファイル］タブをクリックします。

2 ［開く］をクリックします。

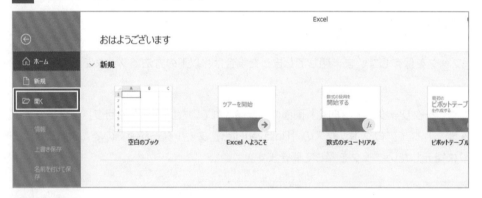

すでに［開く］画面が
表示されている場合、
この操作は省略できま
す。

3 ［参照］をクリックします。

→ ［ファイルを開く］ダイアログボックスが表示されます。

4 開きたいブックが保存されているフォルダーを指定します。

5 ファイルの一覧から［自治会収支表］をクリックします。

6 ［開く］をクリックします。

今回はブックをいったん保存した後に、Excel を終了せずそのまま"開く"操作をしているため、先ほどブックを保存したフォルダーがすぐに表示されます。

→ ブック「自治会収支表」を開くことができました。

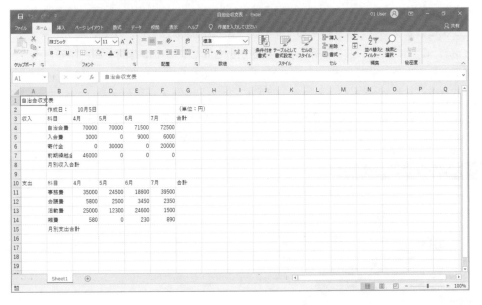

ブックを保存して開く一連の流れは、作業を中断・再開するために欠かせない作業です。スムーズに行えるようにしておきましょう。

⟲ OnePoint 最近使用したブックを開くには

[ファイル]タブの[ホーム]または[開く]をクリックすると、最近使用したブックの一覧が表示されます。開きたいブックが一覧の中にある場合は、ファイル名をクリックしてすばやく開くことができます。

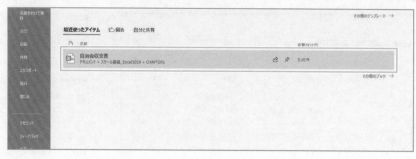

⟲ OnePoint クラウドストレージサービスについて

最近では"保存する場所"としてクラウド（クラウドコンピューティング）という新しい選択肢が用意されています。クラウドとは、インターネット上のサーバーと呼ばれるコンピューターと自分のパソコンを連携して使う新しい利用スタイルです。

たとえば、今回の Excel ブックのようなファイルは、従来自分のパソコン（ローカル）に保存して管理するのが当たり前でしたが、これをクラウドに保存する（預ける）という形態をとることができます（クラウドストレージサービス）。これにより、別の場所や別の機器からも同じファイルを開くことができるようになり、自宅、職場、外出先など場所を問わず、いつでもファイルを利用できます。

Microsoft 社は OneDrive（ワンドライブ）というクラウドストレージサービスを提供しており、Excel でブックを保存するときに"保存する場所"として OneDrive のフォルダーを指定することもできます（本書ではローカルの[ドキュメント]フォルダー内に保存する流れで学習を進めます）。

クラウドストレージサービスのイメージ図

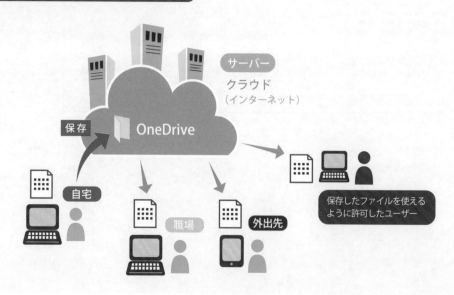

LESSON 4 | ブックを上書き保存する

保存した後でもブックに手を加えることができます。ブックの内容を変更したら、作業を終了する前に上書き保存の操作を行い、最新の状態を保存するようにします。

STEP ▶ 保存済みブックのデータを変更して上書き保存する

1 セル F13 のデータを「68000」に入力し直します。

2 クイックアクセスツールバーの ［上書き保存］ ボタンをクリックします。

→ 最新の状態でブックを上書き保存できました。

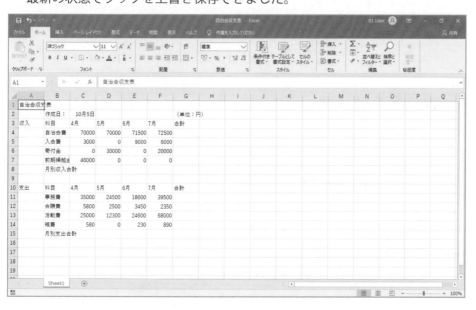

💬 正しく上書き保存が終了しても画面には特に変化は起こりません。

LESSON 5 │ 現在のブックを閉じずに別のブックを開く

Excel は複数のブックを開いた状態で編集ができます。作業中に別のブックを編集しなけばならない場合や、以前作成したブックを参考にしながら新しいブックを作りたいときなど、複数のブックを開いて作業するケースはよくあります。

ここでは現在のブック「自治会収支表」を開いたまま、別のブック「Chap1_数式の練習」を開きます。

STEP 現在のブックを閉じずにブック「**Chap1_数式の練習**」を開く

1 ブック「**自治会収支表**」を開いた状態で [ファイル] タブをクリックします。

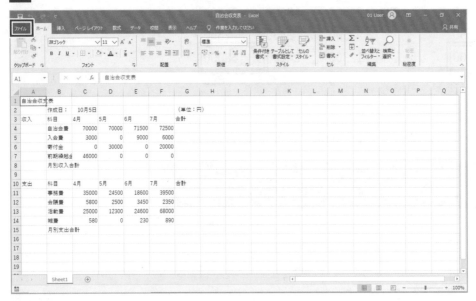

2 [開く] をクリックして、[参照] をクリックします。

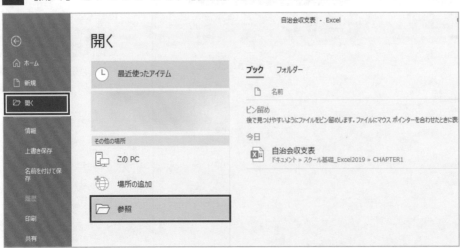

3 開きたいブックが保存されているフォルダーを指定し、ファイルの一覧から［Chap1_数式の練習］をクリックします。

4 ［開く］をクリックします。

Excel とは

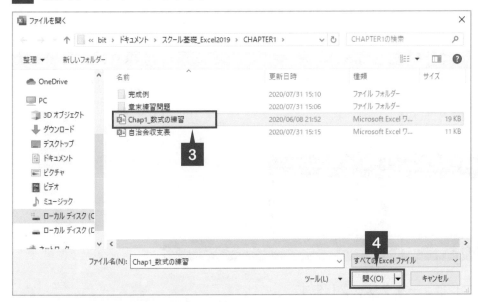

開く操作自体は先ほど学習した手順と同じです。

→ ブック「Chap1_数式の練習」が開きました。

最初に開いていたブック「自治会収支表」は背面に隠れて見えなくなっただけで閉じられてはいません。
さらに別のブックを開いて3つ以上のブックを開くことも可能です。

1 画面下部のタスクバーに表示されている Excel のアイコンにマウスポインターを合わせます。

→ 現在開いているブックの画面が、小さなプレビューで表示されます。

現在 2 つのブックを開いていることが確認できます。

2 「自治会収支表」のプレビューをクリックします。

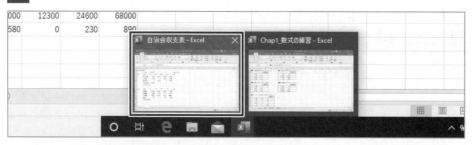

→ ブック「自治会収支表」が前面に表示されました。

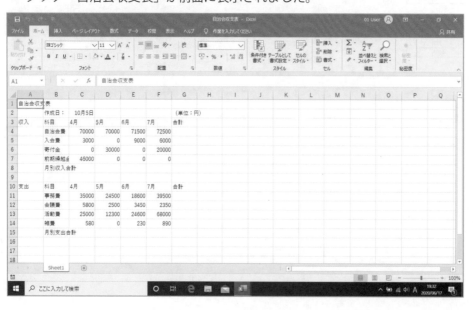

LESSON **6** | **Excelを終了する**

Excel を終了するときは画面右上の閉じるボタンをクリックします。複数のブックを開いている場合はすべてのブックで閉じるボタンをクリックすることで Excel を終了できます。

STEP 現在開いている 2 つのブックを閉じてExcelを終了する

1 閉じるボタンをクリックします。

→ 作業中のブック「自治会収支表」が閉じられ、ブック「Chap1_ 数式の練習」が表示されます。

2 再度、閉じるボタンをクリックします。

→ Excel を終了できました。

開いているすべての Excel ブックを閉じることで Excel を終了できます。

タスクバーの Excel のアイコンが非表示になる、または Excel のアイコンの下に表示されていた白い線が消えます。

引き続き学習を進める場合は、再度 Excel を起動します。

⊖ OnePoint　タスクバーからブックや Excel を閉じる方法

タスクバーの Excel のアイコンにマウスポインターを合わせると、小さなプレビューが表示されますが、この中の右上にマウスポインターを合わせると閉じるボタンが表示されます。こちらをクリックしてもブックや Excel を閉じることができます。

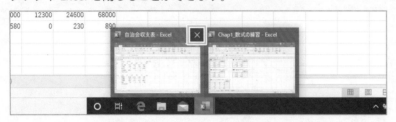

⊖ OnePoint　フォルダーから直接ブックを開く方法

保存したブックを開くには、前述の[ファイル]タブの[開く]をクリックして表示される[開く]画面の操作以外に、ブックが保存されたフォルダーから直接開く方法もあります。この方法は Excel を起動していない状態からでも、ブックを開くことができます。なお、この方法でも複数のブックを開くことができます。

［ドキュメント］フォルダーに保存されているブックを開く方法

1 タスクバーの［エクスプローラー］をクリックします。

2 ナビゲーションウィンドウの［ドキュメント］をクリックし、ブックが保存されているフォルダーをダブルクリックして開きます。

3 開きたいブックをダブルクリックします。

また、ブックのアイコンを右クリックすれば、ブックの削除、ブックの複製（コピー / 貼り付け）、ブック名の変更などが行えるコマンドが表示されます。

学習の まとめ ｜ CHAPTER **1** 章末練習問題

【章末練習問題 1】フリーマーケット販売管理表

1 空白のブックを表示しましょう。

2 下図のようにデータを入力しましょう。

	A	B	C	D	E	F	G	H	I	J	K
1	フリーマーケット売上管理表										
2											
3	作成日：									(単位：円)	
4	売上	商品分類	1月						合計	平均	
5		衣類									
6		電化製品									
7		家具・寝具									
8		本									
9		食品									
10		その他									
11		月別売上合計									
12	支出	費目	1月						費目別合計	費目別平均	
13		出店費									
14		梱包資材									
15		値札									
16		その他									
17		月別支出合計									
18	利益										
19											

3 入力したデータを下図のように修正しましょう。

	A	B	C	D	E	F	G	H	I	J	K
1	フリーマーケット販売管理表										
2											
3	作成日：									(単位：円)	
4	売上	商品分類	1月						分類別合計	分類別平均	
5		衣類									
6		電化製品									
7		家具・寝具									
8		書籍									
9		食品									
10		その他									
11		月別売上合計									
12	経費	費目	1月						費目別合計	費目別平均	
13		参加費									
14		梱包資材									
15		値札									
16		その他									
17		月別経費合計									
18	利益										
19											

※修正する箇所を赤字で記しています（実際
　に赤字に変更するわけではありません）。

4 セル B3 に「6/30」と入力して、自動的に「6 月 30 日」に変換されることを確認しましょう。

5 セルD4〜H4とセルD12〜H12にオートフィル機能を利用して連続データを入力しましょう。

6 完成例を見て、セル C5 〜 H10 とセル C13 〜 H16 に効率よくデータを入力しましょう。

7 ブックに「フリーマーケット販売管理表」という名前を付けて保存し、ブックを閉じましょう。

＜完成例＞

	A	B	C	D	E	F	G	H	I	J	K
1	フリーマーケット販売管理表										
2											
3	作成日：	6月30日								(単位：円)	
4	売上	商品分類	1月	2月	3月	4月	5月	6月	分類別合計	分類別平均	
5		衣類	3400	5600	1300	2800	5900	3200			
6		電化製品	7500	2300	0	0	0	6700			
7		家具・寝具	0	3400	2600	4500	0	2300			
8		書籍	300	450	0	520	1300	400			
9		食品	460	700	230	620	450	770			
10		その他	300	0	0	450	690	0			
11		月別売上合計									
12	経費	費目	1月	2月	3月	4月	5月	6月	費目別合計	費目別平均	
13		参加費	2000	1500	2000	1000	1500	3000			
14		梱包資材	580	0	1160	0	0	580			
15		値札	360	0	360	0	360	0			
16		その他	0	840	680	980	750	680			
17		月別経費合計									
18	利益										
19											

【章末練習問題 2】お土産品販売実績

1 空白のブックを表示しましょう。

2 下図のようにデータを入力しましょう。

	A	B	C	D	E	F	G	H
1	3月度お土産品販売実績				集計期間：4/1〜4/30			
2								
3	販売所	商品名	単価	数量	金額	目標	達成率	
4	本店	梅ようかん						
5		あられ詰め合わせ						
6		和風ドーナツ						
7		小計						
8	駅売店							
9								
10								
11								
12	産業館売店							
13								
14								
15								
16	全店合計							
17								
18								

3 下図のようにデータを修正しましょう。また数値データも入力しましょう。

	A	B	C	D	E	F	G	H
1	4月度お土産品販売実績				集計期間：4/1〜4/30			
2								
3	販売所	商品名	単価	販売数	売上金額	売上目標	達成率	
4	本店	梅ようかん	950	125		100000		
5		あられ詰め	1240	242		280000		
6		和風ドーナ	680	96		70000		
7		小計						
8	駅売店			211		200000		
9				195		250000		
10				167		90000		
11								
12	産業館売店			68		70000		
13				85		100000		
14				75		60000		
15								
16	全店合計			※修正する箇所を赤字で記しています（実際				
17				に赤字に変更するわけではありません）。				
18								

4 セル B4 〜 C7 を範囲選択し、オートフィル機能を利用してセル C15 まで連続データを入力
しましょう。実行後［オートフィルオプション］を使って［セルのコピー］を指定しましょう。

12	産業館売店	梅ようかん	281.6667	68	70000
13		あられ詰め	146.6667	85	100000
14		和風ドーナ	11.66667	75	60000
15		小計			
16	全店合計				
17			○ セルのコピー(C)		
18			◉ 連続データ(S)		
19			○ 書式のみコピー (フィル)(F)		
20			○ 書式なしコピー (フィル)(O)		

5 ブックに「お土産品販売実績」という名前を付けて保存し、ブックを閉じましょう。

＜完成例＞

	A	B	C	D	E	F	G	H
1	4月度お土産品販売実績				集計期間：4/1〜4/30			
2								
3	販売所	商品名	単価	販売数	売上金額	売上目標	達成率	
4	本店	梅ようかん	950	125		100000		
5		あられ詰め	1240	242		280000		
6		和風ドーナ	680	96		70000		
7		小計						
8	駅売店	梅ようかん	950	211		200000		
9		あられ詰め	1240	195		250000		
10		和風ドーナ	680	167		90000		
11		小計						
12	産業館売店	梅ようかん	950	68		70000		
13		あられ詰め	1240	85		100000		
14		和風ドーナ	680	75		60000		
15		小計						
16	全店合計							
17								
18								

数式を作成する

ここでは、セルに数式（計算式）を作成する方法を学習します。
数式にはさまざまなパターンがありますが、まずは基本的な数式
から学習を始めましょう。後半では数式を修正する方法や数式を
コピーする際に役立つ絶対参照についても学習します。

2-1 合計を簡単に求める

Excel では主に数値のセルを使って**数式**を作成することができます。ここでは数式の中でもよく使用する合計の数式を作成してみます。また、作成した数式はコピーして、同じ構成の数式を複製できることを確認します。

LESSON 1 ［合計］ボタンで合計値を求める

合計値を求めるには［合計］ボタンを使用します。

［合計］ボタンは［ホーム］タブと［数式］タブの 2 か所に用意されています。［数式］タブのボタンには"オート SUM"と表記されていますが、どちらも同じ効果です。

| ［ホーム］タブ［合計］ボタン | Σ▾ | ［数式］タブ［オート SUM］ボタン | Σ オート SUM▾ |

［合計］ボタンの使い方は簡単です。合計値を表示したいセルを選択して［合計］ボタンを押すと、隣接する数値のセルに点線の枠が表示されます。この枠で囲まれたセル範囲が合計する対象となります。対象の範囲に間違いがなければ Enter キーなどで数式を決定します。

科目	4月	5月	6月	7月	合計
自治会費	70000	70000	71500	72500	=SUM(C4:F4)
入会費	3000	0	9000	6000	SUM(数値1, [数値2], ...)

➡

科目	4月	5月	6月	7月	合計
自治会費	70000	70000	71500	72500	284000
入会費	3000	0	9000	6000	

STEP セルG4 に［合計］ボタンを使ってセルC4 ～F4 の合計値を求める

1 CHAPTER1 で作成したブック「自治会収支表」を開きます。

📁 スクール基礎 _Excel 2019 ▸ 📁 CHAPTER1 ▸ 🇪 「自治会収支表」

	A	B	C	D	E	F	G	H	I	J
1	自治会収支表									
2		作成日：	10月5日				(単位：円)			
3	収入	科目	4月	5月	6月	7月	合計			
4		自治会費	70000	70000	71500	72500				
5		入会費	3000	0	9000	6000				
6		寄付金	0	30000	0	20000				
7		前期繰越金	46000	0	0	0				
8		月別収入合計								
9										
10	支出	科目	4月	5月	6月	7月	合計			
11		事務費	35000	24500	18600	39500				
12		会議費	5800	2500	3450	2350				
13		活動費	25000	12300	24600	68000				
14		雑費	580	0	230	890				
15		月別支出合計								
16										

💬 作成したブックがない場合は、実習用データ「Chap2_ 自治会収支表」を開いてください。実習用データはインターネットからダウンロードできます。詳細は本書の P.（4）に記載されています。

2　セル G4 をアクティブにします。

	A	B	C	D	E	F	G	H
1	自治会収支表							
2		作成日：	10月5日				（単位：円）	
3	収入	科目	4月	5月	6月	7月	合計	
4		自治会費	70000	70000	71500	72500		
5		入会費	3000	0	9000	6000		
6		寄付金	0	30000	0	20000		
7		前期繰越金	46000	0	0	0		
8		月別収入合計						
9								

3　［ホーム］タブの［合計］ボタンをクリックします。

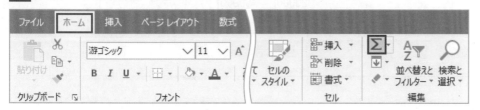

→ 計算対象となるセルが点線で囲まれます。

	A	B	C	D	E	F	G	H
1	自治会収支表							
2		作成日：	10月5日				（単位：円）	
3	収入	科目	4月	5月	6月	7月	合計	
4		自治会費	70000	70000	71500	72500	=SUM(C4:F4)	
5		入会費	3000	0	9000	6000	SUM(数値1, [数値2	
6		寄付金	0	30000	0	20000		
7		前期繰越金	46000	0	0	0		
8		月別収入合計						
9								

セル G4 には合計を求めるための数式が入力されます。
SUM は関数（P.76参照）と呼ばれる数式です。

4　セル C4 ～ F4 が点線で囲まれていれば、Enter キーで確定します。

→ ［合計］ボタンを使って合計値を求めることができました。

	A	B	C	D	E	F	G	H
1	自治会収支表							
2		作成日：	10月5日				（単位：円）	
3	収入	科目	4月	5月	6月	7月	合計	
4		自治会費	70000	70000	71500	72500	284000	
5		入会費	3000	0	9000	6000		
6		寄付金	0	30000	0	20000		
7		前期繰越金	46000	0	0	0		
8		月別収入合計						
9								

LESSON **2** | 数式をコピーする

セルに作成した数式は、他のセルへコピーすることができます。コピーすると、同じパターンの数式を何度も作成する手間が省けるので便利です。可能な限り数式はコピーしましょう。

数式のコピーにはいくつか方法がありますが、ここではオートフィルを利用します。オートフィルコピーは"連続データ"を入力するときにも使用したフィルハンドルを使って行います。

STEP セルG4の合計の数式をセルG5〜G7にコピーする

1 合計の数式を作成したセル G4 を選択します。

	A	B	C	D	E	F	G	H
1	自治会収支表							
2		作成日：	10月5日				(単位：円)	
3	収入	科目	4月	5月	6月	7月	合計	
4		自治会費	70000	70000	71500	72500	284000	
5		入会費	3000	0	9000	6000		
6		寄付金	0	30000	0	20000		
7		前期繰越金	46000	0	0	0		
8		月別収入合計						
9								

2 アクティブセル右下のフィルハンドルにマウスポインターを合わせます。

	A	B	C	D	E	F	G	H
1	自治会収支表							
2		作成日：	10月5日				(単位：円)	
3	収入	科目	4月	5月	6月	7月	合計	
4		自治会費	70000	70000	71500	72500	284000	
5		入会費	3000	0	9000	6000		
6		寄付金	0	30000	0	20000		
7		前期繰越金	46000	0	0	0		
8		月別収入合計						
9								

3 セル G7 までドラッグします。

	A	B	C	D	E	F	G	H
1	自治会収支表							
2		作成日：	10月5日				(単位：円)	
3	収入	科目	4月	5月	6月	7月	合計	
4		自治会費	70000	70000	71500	72500	284000	
5		入会費	3000	0	9000	6000		
6		寄付金	0	30000	0	20000		
7		前期繰越金	46000	0	0	0		
8		月別収入合計						
9								

→ 各セルに数式がコピーされ、それぞれの計算結果が表示されました。

	A	B	C	D	E	F	G	H
1	自治会収支表							
2		作成日：	10月5日				(単位：円)	
3	収入	科目	4月	5月	6月	7月	合計	
4		自治会費	70000	70000	71500	72500	284000	
5		入会費	3000	0	9000	6000	18000	
6		寄付金	0	30000	0	20000	50000	
7		前期繰越金	46000	0	0	0	46000	
8		月別収入合計						
9								

OnePoint　フィルハンドルをダブルクリックして行う数式のコピー

数式のコピーは、フィルハンドルをダブルクリックする方法でも実行できます。この方法を使うと、Excel が周囲のセルの状態を判断し、必要と思われるセルまで自動的に数式がコピーされます。

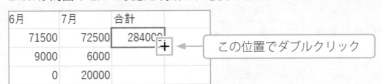

この位置でダブルクリック

※想定していたセルまで数式がコピーされなかった場合やコピーが行き過ぎてしまう場合は、自動コピーは使わず手動でドラッグしてコピーしましょう。

STEP セルC8の合計値を求めて数式をセルD8〜G8にコピーする

1 ［合計］ボタンを使って、セルC8にセルC4〜C7の合計値を求めます。

	A	B	C	D	E	F	G	H
1	自治会収支表							
2		作成日：	10月5日				（単位：円）	
3	収入	科目	4月	5月	6月	7月	合計	
4		自治会費	70000	70000	71500	72500	284000	
5		入会費	3000	0	9000	6000	18000	
6		寄付金	0	30000	0	20000	50000	
7		前期繰越金	46000	0	0	0	46000	
8		月別収入	=SUM(C4:C7)					
9			SUM(数値1, [数値2], ...)					

計算の方向が縦方向になっても、操作方法は同じです。

	A	B	C	D	E	F	G	H
1	自治会収支表							
2		作成日：	10月5日				（単位：円）	
3	収入	科目	4月	5月	6月	7月	合計	
4		自治会費	70000	70000	71500	72500	284000	
5		入会費	3000	0	9000	6000	18000	
6		寄付金	0	30000	0	20000	50000	
7		前期繰越金	46000	0	0	0	46000	
8		月別収入	119000					
9								

2 オートフィルを利用して、セルC8の数式をセルD8〜G8にコピーします。

	A	B	C	D	E	F	G	H
1	自治会収支表							
2		作成日：	10月5日				（単位：円）	
3	収入	科目	4月	5月	6月	7月	合計	
4		自治会費	70000	70000	71500	72500	284000	
5		入会費	3000	0	9000	6000	18000	
6		寄付金	0	30000	0	20000	50000	
7		前期繰越金	46000	0	0	0	46000	
8		月別収入	119000	100000	80500	98500	398000	
9								

フィルハンドルを使用した数式のコピーは、横方向に行うこともできます。

LESSON 3 | 複数セルの合計値を一度に求める

今回の表のように合計したい数値のセルと合計の結果を表示したいセルが隣接している場合は、それらをまとめて選択して［合計］ボタンを使用することで、一度に合計を求めることができます。

大変効率のよい方法ですが、結果を表示したいセルと数値のセルが隣接していない場合は使用できないことや、［合計］ボタン以外の計算では行えないことなど、使える場面が限定された特別な使い方であることを理解しておきましょう。

科目	4月	5月	6月	7月	合計
事務費	35000	24500	18600	39500	
会議費	5800	2500	3450	2350	
活動費	25000	12300	24600	68000	
雑費	580	0	230	890	
月別支出合計					

科目	4月	5月	6月	7月	合計
事務費	35000	24500	18600	39500	117600
会議費	5800	2500	3450	2350	14100
活動費	25000	12300	24600	68000	129900
雑費	580	0	230	890	1700
月別支出合計	66380	39300	46880	110740	263300

STEP "支出"の合計値を一度に求める

1 セル C11 ～ G15 を範囲選択します。

	A	B	C	D	E	F	G	H
1	自治会収支表							
2		作成日：	10月5日				(単位：円)	
3	収入	科目	4月	5月	6月	7月	合計	
4		自治会費	70000	70000	71500	72500	284000	
5		入会費	3000	0	9000	6000	18000	
6		寄付金	0	30000	0	20000	50000	
7		前期繰越金	46000	0	0	0	46000	
8		月別収入合計	119000	100000	80500	98500	398000	
9								
10	支出	科目	4月	5月	6月	7月	合計	
11		事務費	35000	24500	18600	39500		
12		会議費	5800	2500	3450	2350		
13		活動費	25000	12300	24600	68000		
14		雑費	580	0	230	890		
15		月別支出合計						
16								

合計結果を表示する空白セルも選択しておくことがポイントです。

2 ［ホーム］タブの［合計］ボタンをクリックします。

→ 合計値を一度に求めることができました。

	A	B	C	D	E	F	G	H
1	自治会収支表							
2		作成日：	10月5日				（単位：円）	
3	収入	科目	4月	5月	6月	7月	合計	
4		自治会費	70000	70000	71500	72500	284000	
5		入会費	3000	0	9000	6000	18000	
6		寄付金	0	30000	0	20000	50000	
7		前期繰越金	46000	0	0	0	46000	
8		月別収入合	119000	100000	80500	98500	398000	
9								
10	支出	科目	4月	5月	6月	7月	合計	
11		事務費	35000	24500	18600	39500	117600	
12		会議費	5800	2500	3450	2350	14100	
13		活動費	25000	12300	24600	68000	129900	
14		雑費	580	0	230	890	1700	
15		月別支出合	66380	39300	46880	110740	263300	
16								

3 ブック「自治会収支表」を上書き保存して、閉じます。

2-2 基本の数式を作成する

Excelで作成できる数式は[合計]ボタンによる合計だけではありません。一般的な四則演算（足し算、引き算、掛け算、割り算）の数式も作成することができます。

これらの数式は、通常のデータのようにセルに直接入力して作成します。ただし、通常の入力とは異なるルールがいくつかありますので、その点に注目して学習を進めましょう。

LESSON 1 | 四則演算の数式を作成する

Excel で四則演算などの基本的な数式を作成するにあたって、最初に覚えておきたいルールがいくつかあります。

基本的な数式を作る際のルール

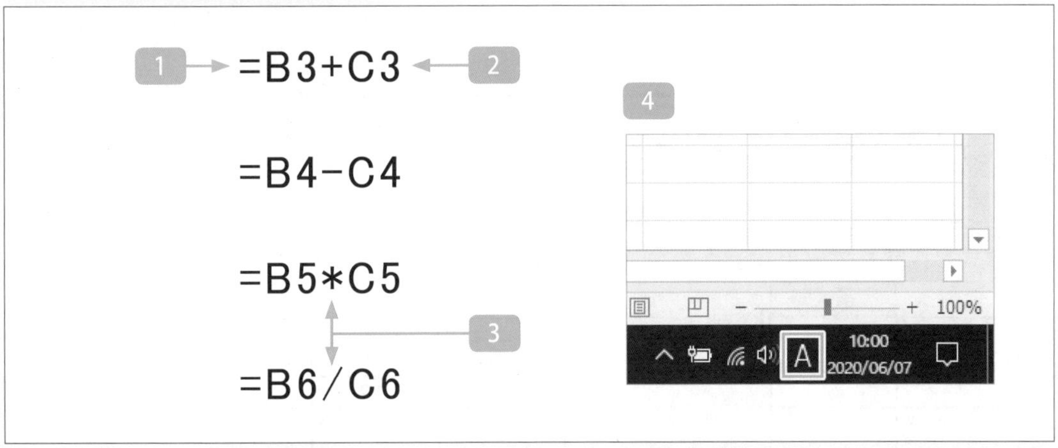

```
1 → =B3+C3 ← 2

    =B4−C4

    =B5*C5      3

    =B6/C6
```

1 **数式は "=" から始める**

　Excel では "=" で始まるデータを数式として扱います。

2 **数式にはセル参照を使用する**

　数式には、数値を直接入力することもできますが、数値が入力されているセルの番地を利用することもできます。これを**セル参照**と呼びます。

3 **掛け算は " ＊ "（アスタリスク）、割り算は "/"（スラッシュ）の記号を使用する**

　日常的には、掛け算に×、割り算に÷の記号を使いますが、Excel では 掛け算に＊、割り算に / の記号を使用します。

4 **演算記号やセル番地は " 半角 " で入力する**

　= ＋ − ＊ / などの演算記号やセル番地はすべて半角で入力します。

　全角で入力しても Excel 側で自動処理され半角に変換されることもありますが、失敗のリスクを減らすため、半角で入力するように気を付けます。

STEP セルC3 に"足し算"の数式を作成する

1 ブック「Chap2_数式の練習」を開きます。

> 📁 スクール基礎_Excel 2019 ▶ 📁 CHAPTER2 ▶ Ｅ「Chap2_数式の練習」
> ※ CHAPTER1 で開いたブック「Chap1_数式の練習」と内容は同じです。

💬 実習用データはインターネットからダウンロードできます。詳細は本書の P.（4）に記載されています。

	A	B	C	D	E	F	G	H	I	J	K	L	M
1	■足し算の数式を作成してみましょう					■引き算の数式を作成してみましょう							
2			答え					答え					
3	500	257				115	39						
4	9120	11590				25400	18600						
5	15.5	61.8				100	180						
6													
7	■掛け算の数式を作成してみましょう					■割り算の数式を作成してみましょう							
8			答え					答え					
9	28	12				518	37						
10	1200	512				42600	120						
11	1000	1.25				10000	4000						
12													
13	■カッコを含んだ数式を作成してみましょう												
14			答え										
15	10	20	5										
16	7	2	10										
17	145	5	6										
18	1	4	100										
19													
20													

四則演算　関数式　数式の修正　絶対参照　⊕

2 数式を入力したいセル C3 をアクティブにします。

	A	B	C	D	E	F	G
1	■足し算の数式を作成してみましょう					■引き算の数式を作成し	
2			答え				
3	500	257				115	39
4	9120	11590				25400	18600
5	15.5	61.8				100	180
6							

3 日本語入力システムがオンの場合は、キーボードの半角 / 全角キーを押してオフにします。

4 数式の先頭に付ける記号「=」を入力します。

	A	B	C	D	E	F	G
1	■足し算の数式を作成してみましょう					■引き算の数式を作成し	
2			答え				
3	500	257	=			115	39
4	9120	11590				25400	18600
5	15.5	61.8				100	180
6							

💬 「=」から入力を始めることで、このセルが数式として扱われます。

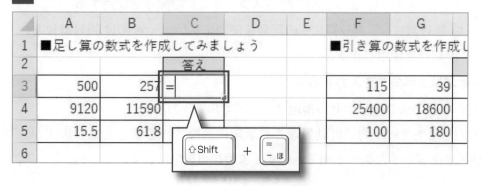

5　セル A3 をクリックします。

	A	B	C	D	E	F	G
1	■足し算の数式を作成してみましょう					■引き算の数式を作成し	
2			答え				
3	500	257	=			115	39
4	9120	11590				25400	18600
5	15.5	61.8				100	180
6							

→　クリックしたセルの番地が数式内に自動的に入力されます。

	A	B	C	D	E	F	G
1	■足し算の数式を作成してみましょう					■引き算の数式を作成し	
2			答え				
3	500	257	=A3			115	39
4	9120	11590				25400	18600
5	15.5	61.8				100	180
6							

これが "セル参照" を
使用した状態です。

6　足し算の演算記号「+」を入力します。

	A	B	C	D	E	F	G
1	■足し算の数式を作成してみましょう					■引き算の数式を作成し	
2			答え				
3	500	257	=A3+			115	39
4	9120	11590				25400	18600
5	15.5	61.8				100	180
6							

⇧Shift ＋ ｜＋ れ｜

7　セル B3 をクリックします。

	A	B	C	D	E	F	G
1	■足し算の数式を作成してみましょう					■引き算の数式を作成し	
2			答え				
3	500	257	=A3+			115	39
4	9120	11590				25400	18600
5	15.5	61.8				100	180
6							

8 Enter キーを押して数式の入力を確定します。

	A	B	C	D	E	F	G
1	■足し算の数式を作成してみましょう					■引き算の数式を作成し	
2			答え				
3	500	257	=A3+B3			115	39
4	9120	11590				25400	18600
5	15.5	61.8				100	180
6							

Enter ↵

→ "足し算"の数式を作成し、計算結果を表示しました。

	A	B	C	D	E	F	G
1	■足し算の数式を作成してみましょう					■引き算の数式を作成し	
2			答え				
3	500	257	757			115	39
4	9120	11590				25400	18600
5	15.5	61.8				100	180
6							

9 セル C3 の数式をセル C5 までコピーします。

	A	B	C	D	E	F	G
1	■足し算の数式を作成してみましょう					■引き算の数式を作成し	
2			答え				
3	500	257	757			115	39
4	9120	11590	20710			25400	18600
5	15.5	61.8	77.3			100	180
6							

🔙 One Point **数式の入力を途中でキャンセルするには**

入力している数式を、もう一度はじめから作り直したいときは、Esc キーを押します。

すでに数式を確定した後であれば、他の操作と同じように［元に戻す］ボタンで入力前の状態に戻せます。

(→) One Point　数式の内容を確認したい場合

....

数式の入力を確定すると、セルには計算結果が表示され、どのような数式が入力されているかは分からなくなります。数式の内容を確認したい場合は、対象のセルをアクティブにして、数式バーで確認します。

クリップボード ⊾		フォント		⊾	

C3	▼	⋮	×	✓	ƒx	=A3+B3	←	数式バー

	A	B	C	D	E	
1	■足し算の数式を作成してみましょう					■引
2			答え			
3	500	257	757			
4	9120	11590	20710			2

セルのデータを削除したり編集したりするときは、数式バーを確認し、重要な数式が入力されていないかをチェックするように心がけましょう。

STEP **セルH3 に"引き算"の数式を作成する**

1 足し算の数式と同様の方法で、セル H3 に引き算の数式「=F3-G3」を入力します。

=F3-G3

B	C	D	E	F	G	H	I
式を作成してみましょう				■引き算の数式を作成してみましょう			
	答え					答え	
257	757			115	39	=F3-G3	
11590	20710			25400	18600		
61.8	77.3			100	180		

💬

" - " は以下のキーで入力できます。

→ "引き算" の数式を作成し、計算結果を表示しました。

B	C	D	E	F	G	H	I
式を作成してみましょう				■引き算の数式を作成してみましょう			
	答え					答え	
257	757			115	39	76	
11590	20710			25400	18600		
61.8	77.3			100	180		

2 セル H3 の数式をセル H5 までコピーします。

B	C	D	E	F	G	H	I
式を作成してみましょう				■引き算の数式を作成してみましょう			
	答え					答え	
257	757			115	39	76	
11590	20710			25400	18600	6800	
61.8	77.3			100	180	-80	

STEP セルC9 に"掛け算"の数式を作成する

---

1 足し算の数式と同様の方法で、セル C9 に掛け算の数式「=A9*B9」を入力します。

=A9*B9

	A	B	C	D	E
6					
7	■掛け算の数式を作成してみましょう				■割り算の数式を作成し
8			答え		
9	28	12	=A9*B9		518	37
10	1200	512			42600	120
11	1000	1.25			10000	4000
12					

"*"は以下のキーで入力できます。

→ "掛け算" の数式を作成し、計算結果を表示しました。

	A	B	C	D	E
6					
7	■掛け算の数式を作成してみましょう				■割り算の数式を作成し
8			答え		
9	28	12	336		518	37
10	1200	512			42600	120
11	1000	1.25			10000	4000
12					

2 セル C9 の数式をセル C11 までコピーします。

	A	B	C	D	E
6					
7	■掛け算の数式を作成してみましょう				■割り算の数式を作成し
8			答え		
9	28	12	336		518	37
10	1200	512	614400		42600	120
11	1000	1.25	1250		10000	4000
12					

STEP ▶ **セルH9 に"割り算"の数式を作成する**

1 足し算の数式と同様の方法で、セル H9 に割り算の数式「=F9/G9」を入力します。

=F9／G9

式を作成してみましょう			■割り算の数式を作成してみましょう		
	答え				答え
12	336		518	37	=F9/G9
512	614400		42600	120	
1.25	1250		10000	4000	

"／"は以下のキーで入力できます。

→ "割り算"の数式を作成し、計算結果を表示しました。

式を作成してみましょう			■割り算の数式を作成してみましょう		
	答え				答え
12	336		518	37	14
512	614400		42600	120	
1.25	1250		10000	4000	

2 セル H9 の数式をセル H11 までコピーします。

式を作成してみましょう			■割り算の数式を作成してみましょう		
	答え				答え
12	336		518	37	14
512	614400		42600	120	355
1.25	1250		10000	4000	2.5

LESSON 2 ｜ カッコを含む数式を作成する

LESSON1 では四則演算の数式を作成しましたが、次はカッコを含む数式を作成します。Excel でも、通常の計算と同様にカッコの中の式が先に計算されます。

STEP ▶ セルD15 に「=(A15+B15) * C15」の数式を作成する

1 セル D15 をアクティブにし、「=」を入力します。

13	■カッコを含んだ数式を作成してみましょう					
14				答え		
15	10	20	5	=		
16	7	2	10			
17	145	5	6			
18	1	4	100			
19						

2 「(」を入力します。

13	■カッコを含んだ数式を作成してみましょう					
14				答え		
15	10	20	5	=(		
16	7	2	10			
17	145	5	6			
18	1	4	100			
19						

⇧Shift + (8 ゆ

3 セル A15 をクリックします。

13	■カッコを含んだ数式を作成してみましょう					
14				答え		
15	10	20	5	=(A15		
16	7	2	10			
17	145	5	6			
18	1	4	100			
19						

4 「+」を入力します。

13	■カッコを含んだ数式を作成してみましょう				
14				答え	
15	10	20	5	=(A15+	
16	7	2	10		
17	145	5	6		
18	1	4	100		
19					

5 セル B15 をクリックします。

13	■カッコを含んだ数式を作成してみましょう				
14				答え	
15	10	20	5	=(A15+B15	
16	7	2	10		
17	145	5	6		
18	1	4	100		
19					

6 「)」を入力します。

13	■カッコを含んだ数式を作成してみましょう				
14				答え	
15	10	20	5	=(A15+B15)	
16	7	2	10		
17	145	5	6		
18	1	4	100		
19					

⇧Shift +) よ 9 ょ

7 「*」を入力します。

13	■カッコを含んだ数式を作成してみましょう				
14				答え	
15	10	20	5	=(A15+B15)*	
16	7	2	10		
17	145	5	6		
18	1	4	100		
19					

8 セル C15 をクリックします。

13	■カッコを含んだ数式を作成してみましょう		
14			答え
15	10	20	5 =(A15+B15)*C15
16	7	2	10
17	145	5	6
18	1	4	100
19			

9 Enter キーで確定します。

→ カッコを含む数式の計算結果が表示されました。

13	■カッコを含んだ数式を作成してみましょう		
14			答え
15	10	20	5	150
16	7	2	10	
17	145	5	6	
18	1	4	100	
19			

💬 計算の順番としては、「A15+B15」が先に計算され（10+20）、その結果に C15 の値を掛けています（30 × 5）。

10 セル D15 の数式を、セル D18 までコピーします。

13	■カッコを含んだ数式を作成してみましょう		
14			答え
15	10	20	5	150
16	7	2	10	90
17	145	5	6	900
18	1	4	100	500
19			

🔵**OnePoint** **別のセルと同じ値を常に表示するには**

数式を利用すれば、別のセルに表示されている値と常に同じ値を表示することができます。

下図のように、「=」に続けて対象のセルを参照するだけの数式を作ると、常に参照したセルと同じ値がそのセルに表示されます。

=D19

LESSON 3 再計算を確認する

数式にセル番地を用いることをセル参照と呼びます。セル参照の利点の1つとして、セルの数値を変更したときに数式の計算結果が自動的に更新される**再計算**のはたらきがあげられます。

| 数値を変更 | | 再計算されます |

2			答え
3	500	257	757

2			答え
3	→ 1000	257	→ 1257

STEP セルA3 の数値を変更して数式の再計算を確認する

1 セル A3 をアクティブにします。

	A	B	C	D	E	F	G
1	■足し算の数式を作成してみましょう					■引き算の数式を作成し	
2			答え				
3	500	257	757			115	39
4	9120	11590	20710			25400	18600
5	15.5	61.8	77.3			100	180
6							

2 現在 "500" と入力されている値を「1000」に入力し直します。

	A	B	C	D	E	F	G
1	■足し算の数式を作成してみましょう					■引き算の数式を作成し	
2			答え				
3	1000	257	757			115	39
4	9120	11590	20710			25400	18600
5	15.5	61.8	77.3			100	180
6							

元の値を Delete キーで消去する必要はありません。入力すると上書きされます。

3 セル C3 の変化に注目しながら、Enter キーを押して確定します。

→ 確定と同時に再計算され、セル C3 の数値が変化しました。

	A	B	C	D	E	F	G
1	■足し算の数式を作成してみましょう					■引き算の数式を作成し	
2			答え				
3	1000	257	1257			115	39
4	9120	11590	20710			25400	18600
5	15.5	61.8	77.3			100	180
6							

再計算の結果
1257

2-3 関数を使った数式を作成する

2-2 で学習した四則演算の数式だけでは作れない数式もあります。また、作ることはできても数式が長くなったり複雑になったりすることもあります。そういったときは関数を使用して数式を作成します。関数を使った数式を作れるようになると、Excel でできることの幅が大きく広がります。しかし、関数にはいくつもの種類があり、いきなり高度な関数を習得するのは大変です。そこでまずは簡単で使い勝手の良い基本的な関数を学習しましょう。

LESSON 1 | 関数とは

関数とは、数式の作成を簡単にしたり、特殊な計算や処理を行ったりするときに使用する機能です。Excel には計算や処理の種類に合わせて数多くの関数が用意されています。

たとえば、2-1 で使った［合計］ボタンも実は SUM という関数の数式が入力されていました。SUM は合計を求めるための関数です。

もし、2-2 で学習した基本の四則演算だけで合計を求めるなら、①のように合計に必要なセルをすべて入力しなければいけません。

① $\quad$ **=A1+B1+C1+D1+E1+F1+G1+H1**

しかし、SUM 関数であれば、②のように短く表記することができます。しかもほぼ自動で数式が入力されます。

② $\quad$ **=SUM(A1:H1)** $\qquad$ ※「A1:H1」は「A1 ～ H1」という意味になります。

関数の数式は以下のような構造になっています。

=SUM(A1:H1)

関数名	引数（ひきすう）

関数の数式は、関数名の後ろに**引数**と呼ばれる値を設定します。この引数は関数によってそれぞれ設定する内容が異なり、間違うと関数が正しく働きません。

関数を使いこなすには、目的に合致した関数を選ぶことと、正しい引数を設定することが重要になります。

LESSON 2 ｜ AVERAGE関数で平均値を求める

ア ベ レ ー ジ
AVERAGE 関数は平均値を求めるための関数です。

AVERAGE 関数を使わないで平均値を求めるには以下のような数式が必要です。

$$=(B3+B4+B5+B6+B7+B8)/6$$

これを、AVERAGE 関数を使うことで次のように短くできます。

$$=AVERAGE(B3:B8)$$

AVERAGE 関数も使用する機会の多い関数です。そのため［合計］ボタンの▼をクリックすると
［平均］というメニューが用意されており、これをクリックすることで AVERAGE 関数を簡単に
入力できます。

STEP ▶ **AVERAGE関数を使ってセルB9 にB3 ～B8 の平均を求める**

1 シート見出し[関数式]をクリックして、ワークシートを切り替えます。

	A	B	C	D	E	F	G	H	I	J	K
1	パソコン試験点数表										
2	受験者名	パソコン知識	パソコン実技	タイピング字数							
3	安藤美晴	72	84	426							
4	川上恭治	95	78	500							
5	佐野　実	84	92	免除							
6	中村陽介		68	324							
7	藤原佳苗	79	83	455							
8	森岡果歩	82	90	385							
9	平均点										
10	受験者数										
11	最高点										
12	最低点										
13											
14											
15											
16											
17											
18											
19											

四則演算　関数式　数式の修正　絶対参照　＋

準備完了

Excel では１つのブッ
クの中に複数のワーク
シートを作ることがで
きます。
学習用ブックにはあら
かじめ［四則演算］、［関
数式］、［数式の修正］、
［絶対参照］の４枚の
シートが用意されてい
ます。

2 セル B9 をアクティブにします。

	A	B	C	D	E	F
1	パソコン試験点数表					
2	受験者名	パソコン知識	パソコン実技	タイピング字数		
3	安藤美晴	72	84	426		
4	川上恭治	95	78	500		
5	佐野　実	84	92	免除		
6	中村陽介		68	324		
7	藤原佳苗	79	83	455		
8	森岡果歩	82	90	385		
9	平均点					
10	受験者数					
11	最高点					
12	最低点					
13						

3 ［ホーム］タブの［合計］ボタンの▼をクリックします。

4 ［平均］をクリックします。

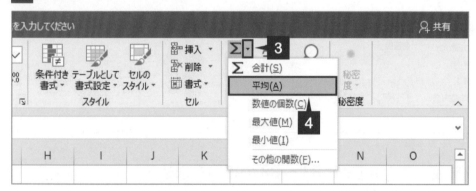

→ 計算対象となるセルが点線で囲まれますが、今回はセル範囲を選び直します。

	A	B	C	D	E	F
1	パソコン試験点数表					
2	受験者名	パソコン知識	パソコン実技	タイピング字数		
3	安藤美晴	72	84	426		
4	川上恭治	95	78	500		
5	佐野　実	84	92	免除		
6	中村陽介		68	324		
7	藤原佳苗	79	83	455		
8	森岡果歩	82	90	385		
9	平均点	=AVERAGE(B7:B8)				
10	受験者数	AVERAGE(数値1, [数値2], ...)				
11	最高点					
12	最低点					
13						

今回は計算対象のセル範囲内にある空白セルが原因で、自動的に選択された範囲では正しく平均値を求めることができません。そのため、次の手順で正しい範囲を選び直します。

5 セル B3 ～ B8 をドラッグしてセル範囲を選び直します。

	A	B
1	パソコン試験点数表	
2	受験者名	パソコン知識
3	安藤美晴	72
4	川上恭治	95
5	佐野　実	84
6	中村陽介	
7	藤原佳苗	79
8	森岡果歩	82
9	平均点	=AVERAGE(B7:B8)
10	受験者数	AVERAGE(数値1, [数値

→

	A	B
1	パソコン試験点数表	
2	受験者名	パソコン知識
3	安藤美晴	72
4	川上恭治	95
5	佐野　実	84
6	中村陽介	
7	藤原佳苗	79
8	森岡果歩	82
9	平均点	=AVERAGE(B3 6R x 1
10	受験者数	AVERAGE(数値1, [数値

6 Enter キーを押して確定します。

→ AVERAGE 関数を使って平均値を求めることができました。

	A	B	C	D	E	F
1	パソコン試験点数表					
2	受験者名	パソコン知識	パソコン実技	タイピング字数		
3	安藤美晴	72	84	426		
4	川上恭治	95	78	500		
5	佐野　実	84	92	免除		
6	中村陽介		68	324		
7	藤原佳苗	79	83	455		
8	森岡果歩	82	90	385		
9	平均点	82.4				
10	受験者数					
11	最高点					
12	最低点					
13						

今回のように、Excel が自動的に選択した参照範囲に誤りがあることもあるので、よく確認してから確定するようにしましょう。

7 セル B9 の数式をセル D9 までコピーします。

	A	B	C	D
5	佐野　実	84	92	免除
6	中村陽介		68	324
7	藤原佳苗	79	83	455
8	森岡果歩	82	90	385
9	平均点	82.4	82.5	418
10	受験者数			
11	最高点			
12	最低点			
13				

LESSON 3 | 数値の個数、最大値、最小値を関数で求める

COUNT 関数は、対象のセル範囲内の**数値**が入力されたセルの個数を求める関数です。

MAX 関数は、対象のセル範囲内の**最大値**を求める関数です。

MIN 関数は、対象のセル範囲内の**最小値**を求める関数です。

これらの関数も、[合計] ボタンの▼をクリックして、それぞれに対応するメニューから作成できます。

関数を使わず数値の個数や最大値、最小値を算出するには、セルを 1 つずつ確認するしかありません。これはミスにつながりやすいうえに、セルの数値の変更に対応できないため、可能な限り関数を使うようにします。

	A	B	C	D	E
1	パソコン試験点数表				
2	受験者名	パソコン知識	パソコン実技	タイピング字数	
3	安藤美晴	72	84	426	
4	川上恭治	95	78	500	
5	佐野　実	84	92	免除	
6	中村陽介		68	324	
7	藤原佳苗	79	83	455	
8	森岡果歩	82	90	385	
9	平均点	82.4	82.5	418	
10	受験者数	5	6	5	
11	最高点	95	92	500	
12	最低点	72	68	324	
13					

COUNT 関数で " 受験者数 " を算出

MAX 関数で " 最高点 " を算出

MIN 関数で " 最低点 " を算出

STEP　**COUNT関数を使ってセルB10 にB3 ～B8 の数値の個数を求める**

1 セル B10 をアクティブにします。

	A	B	C	D	E	F
1	パソコン試験点数表					
2	受験者名	パソコン知識	パソコン実技	タイピング字数		
3	安藤美晴	72	84	426		
4	川上恭治	95	78	500		
5	佐野　実	84	92	免除		
6	中村陽介		68	324		
7	藤原佳苗	79	83	455		
8	森岡果歩	82	90	385		
9	平均点	82.4	82.5	418		
10	受験者数					
11	最高点					
12	最低点					
13						

2 ［ホーム］タブの［合計］ボタンの▼をクリックします。

3 ［数値の個数］をクリックします。

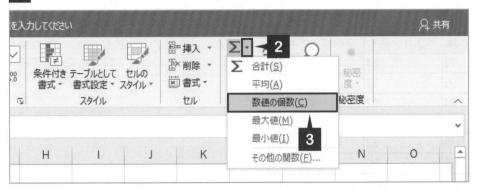

→ 計算対象となるセルが点線で囲まれますが、今回はセル範囲を選び直します。

	A	B	C	D	E	F
1	パソコン試験点数表					
2	受験者名	パソコン知識	パソコン実技	タイピング字数		
3	安藤美晴	72	84	426		
4	川上恭治	95	78	500		
5	佐野　実	84	92	免除		
6	中村陽介		68	324		
7	藤原佳苗	79	83	455		
8	森岡果歩	82	90	385		
9	平均点	82.4	82.5	418		
10	受験者数	=COUNT(B7:B9)				
11	最高点	COUNT(値1, [値2], ...)				
12	最低点					
13						

4 セル B3 ～ B8 をドラッグしてセル範囲を選び直します。

	A	B	C	D	E	F
1	パソコン試験点数表					
2	受験者名	パソコン知識	パソコン実技	タイピング字数		
3	安藤美晴	72	84	426		
4	川上恭治	95	78	500		
5	佐野　実	84	92	免除		
6	中村陽介		68	324		
7	藤原佳苗	79	83	455		
8	森岡果歩	82	90	385		
9	平均点	82.4	82.5	418		
10	受験者数	=COUNT(B3:B8)				
11	最高点	COUNT(値1, [値2], ...)				
12	最低点					
13						

5 Enter キーを押して確定します。

→ COUNT 関数を使って対象のセル範囲の数値の個数を求めることができました。

	A	B	C	D	E	F
1	パソコン試験点数表					
2	受験者名	パソコン知識	パソコン実技	タイピング字数		
3	安藤美晴	72	84	426		
4	川上恭治	95	78	500		
5	佐野　実	84	92	免除		
6	中村陽介		68	324		
7	藤原佳苗	79	83	455		
8	森岡果歩	82	90	385		
9	平均点	82.4	82.5	418		
10	受験者数	5				
11	最高点					
12	最低点					
13						

今回は対象のセルの数が少ないため目視で数えることもできますが、対象のセルの数がもっと多い場合にCOUNT 関数は有効性を発揮します。

6 セル B10 の数式をセル D10 までコピーします。

	A	B	C	D	E	F
5	佐野　実	84	92	免除		
6	中村陽介		68	324		
7	藤原佳苗	79	83	455		
8	森岡果歩	82	90	385		
9	平均点	82.4	82.5	418		
10	受験者数	5	6	5		
11	最高点					
12	最低点					
13						

STEP **MAX関数を使ってセルB11にB3〜B8の最大値を求める**

1 セルB11をアクティブにします。

	A	B	C	D	E	F
1	パソコン試験点数表					
2	受験者名	パソコン知識	パソコン実技	タイピング字数		
3	安藤美晴	72	84	426		
4	川上恭治	95	78	500		
5	佐野　実	84	92	免除		
6	中村陽介		68	324		
7	藤原佳苗	79	83	455		
8	森岡果歩	82	90	385		
9	平均点	82.4	82.5	418		
10	受験者数	5	6	5		
11	最高点					
12	最低点					
13						

2 ［ホーム］タブの［合計］ボタンの▼をクリックします。

3 ［最大値］をクリックします。

→ 計算対象となるセルが点線で囲まれますが、今回はセル範囲を選び直します。

	A	B	C	D	E	F
1	パソコン試験点数表					
2	受験者名	パソコン知識	パソコン実技	タイピング字数		
3	安藤美晴	72	84	426		
4	川上恭治	95	78	500		
5	佐野　実	84	92	免除		
6	中村陽介		68	324		
7	藤原佳苗	79	83	455		
8	森岡果歩	82	90	385		
9	平均点	82.4	82.5	418		
10	受験者数	5	6	5		
11	最高点	=MAX(B7:B10)				
12	最低点	MAX(数値1, [数値2], ...)				
13						

4 セル B3 ～ B8 をドラッグしてセル範囲を選び直します。

	A	B	C	D	E	F
1	パソコン試験点数表					
2	受験者名	パソコン知識	パソコン実技	タイピング字数		
3	安藤美晴	72	84	426		
4	川上恭治	95	78	500		
5	佐野　実	84	92	免除		
6	中村陽介		68	324		
7	藤原佳苗	79	83	455		
8	森岡果歩	82	90	385		
9	平均点	82.4	82.5	418		
10	受験者数	5	6	5		
11	最高点	=MAX(B3:B8)				
12	最低点	MAX(数値1, [数値2], …)				
13						

5 Enter キーを押して確定します。

→ MAX 関数を使って対象のセル範囲内の最大値を求めることができました。

	A	B	C	D	E	F
1	パソコン試験点数表					
2	受験者名	パソコン知識	パソコン実技	タイピング字数		
3	安藤美晴	72	84	426		
4	川上恭治	95	78	500		
5	佐野　実	84	92	免除		
6	中村陽介		68	324		
7	藤原佳苗	79	83	455		
8	森岡果歩	82	90	385		
9	平均点	82.4	82.5	418		
10	受験者数	5	6	5		
11	最高点	95				
12	最低点					
13						

6 セル B11 の数式をセル D11 までコピーします。

	A	B	C	D	E	F
5	佐野　実	84	92	免除		
6	中村陽介		68	324		
7	藤原佳苗	79	83	455		
8	森岡果歩	82	90	385		
9	平均点	82.4	82.5	418		
10	受験者数	5	6	5		
11	最高点	95	92	500		
12	最低点					
13						

STEP ▶ **MIN関数を使ってセルB12にB3～B8の最小値を求める**

1 セルB12をアクティブにします。

	A	B	C	D	E	F
1	パソコン試験点数表					
2	受験者名	パソコン知識	パソコン実技	タイピング字数		
3	安藤美晴	72	84	426		
4	川上恭治	95	78	500		
5	佐野　実	84	92	免除		
6	中村陽介		68	324		
7	藤原佳苗	79	83	455		
8	森岡果歩	82	90	385		
9	平均点	82.4	82.5	418		
10	受験者数	5	6	5		
11	最高点	95	92	500		
12	最低点					
13						

2 ［ホーム］タブの［合計］ボタンの▼をクリックします。

3 ［最小値］をクリックします。

→ 計算対象となるセルが点線で囲まれますが、今回はセル範囲を選び直します。

	A	B	C	D	E	F
1	パソコン試験点数表					
2	受験者名	パソコン知識	パソコン実技	タイピング字数		
3	安藤美晴	72	84	426		
4	川上恭治	95	78	500		
5	佐野　実	84	92	免除		
6	中村陽介		68	324		
7	藤原佳苗	79	83	455		
8	森岡果歩	82	90	385		
9	平均点	82.4	82.5	418		
10	受験者数	5	6	5		
11	最高点	95	92	500		
12	最低点	=MIN(B7:B11)				
13		MIN(**数値1**, [数値2], ...)				

4 セル B3 〜 B8 をドラッグしてセル範囲を選び直します。

	A	B	C	D	E	F
1	パソコン試験点数表					
2	受験者名	パソコン知識	パソコン実技	タイピング字数		
3	安藤美晴	72	84	426		
4	川上恭治	95	78	500		
5	佐野　実	84	92	免除		
6	中村陽介		68	324		
7	藤原佳苗	79	83	455		
8	森岡果歩	82	90	385		
9	平均点	82.4	82.5	418		
10	受験者数	5	6	5		
11	最高点	95	92	500		
12	最低点	=MIN(B3:B8)				
13		MIN(数値1, [数値2], ...)				

5 Enter キーを押して確定します。

→ MIN 関数を使って対象のセル範囲内の最小値を求めることができました。

	A	B	C	D	E	F
1	パソコン試験点数表					
2	受験者名	パソコン知識	パソコン実技	タイピング字数		
3	安藤美晴	72	84	426		
4	川上恭治	95	78	500		
5	佐野　実	84	92	免除		
6	中村陽介		68	324		
7	藤原佳苗	79	83	455		
8	森岡果歩	82	90	385		
9	平均点	82.4	82.5	418		
10	受験者数	5	6	5		
11	最高点	95	92	500		
12	最低点	72				
13						

6 セル B12 の数式をセル D12 までコピーします。

	A	B	C	D	E	F
5	佐野　実	84	92	免除		
6	中村陽介		68	324		
7	藤原佳苗	79	83	455		
8	森岡果歩	82	90	385		
9	平均点	82.4	82.5	418		
10	受験者数	5	6	5		
11	最高点	95	92	500		
12	最低点	72	68	324		
13						

2-4 数式を修正する

数式の作成時に"参照するセル"や"演算記号"などを間違えたまま確定してしまった場合、削除してもう一度入力することもできますが、部分的に修正する方法もあります。数式を修正するテクニックを身に付けることで、作業の効率が上がるだけでなく、他の人が作成した数式を変更したり、手を加えたりして活用することもできるようになります。

LESSON 1 | 数式の参照範囲を移動する

数式が入力されたセルには計算結果だけが表示されていますが、セルをダブルクリックすることで数式自体を編集できる状態になります。この状態になると、数式内で利用しているセル番地（参照するセル）が色付きの枠線で囲まれて表示されます。この枠線をドラッグすることで参照するセル範囲を移動することができます。

	A	B	C	D
1	紳士服売上管理表			
2	商品分類	4月	5月	6月
3	スーツ類	1,281,000	1,158,000	1,086,000
4	シャツ類	415,000	358,000	325,000
5	ネクタイ・ベルト類	215,000	178,000	146,000
6	バッグ類	198,000	143,000	115,000
7	靴類	216,000	195,000	201,000
8	合　計	=SUM(A3:A7)		1,873,000

	A	B	C	D
1	紳士服売上管理表			
2	商品分類	4月	5月	6月
3	スーツ類	1,281,000	1,158,000	1,086,000
4	シャツ類	415,000	358,000	325,000
5	ネクタイ・ベルト類	215,000	178,000	146,000
6	バッグ類	198,000	143,000	115,000
7	靴類	216,000	195,000	201,000
8	合　計	=SUM(B3:B7)		1,873,000

STEP　セルB8 の数式の参照範囲を"B3 〜B7"に移動する

1 シート見出し[数式の修正]をクリックして、ワークシート"数式の修正"に切り替えます。

	A	B	C	D	E	F	G	H	I	J
1	紳士服売上管理表									
2	商品分類	4月	5月	6月						
3	スーツ類	1,281,000	1,158,000	1,086,000						
4	シャツ類	415,000	358,000	325,000						
5	ネクタイ・ベルト類	215,000	178,000	146,000						
6	バッグ類	198,000	143,000	115,000						
7	靴類	216,000	195,000	201,000						
8	合　計	0	338,000	1,873,000						
9	目標額	2,200,000	2,000,000	2,000,000						
10	達成率	0%	17%	-12700000%						
11										
12										
13										
14										
15										
16										
17										
18										
19										

四則演算　関数式　数式の修正　絶対参照　＋

準備完了

2 数式を修正したいセル B8 をダブルクリックします。

	A	B	C	D	E	F	G
1		紳士服売上管理表					
2	商品分類	4月	5月	6月			
3	スーツ類	1,281,000	1,158,000	1,086,000			
4	シャツ類	415,000	358,000	325,000			
5	ネクタイ・ベルト類		178,000	146,000			
6	バッグ類		143,000	115,000			
7	靴類	216,000	195,000	201,000			
8	合　計	0	338,000	1,873,000			
9	目標額	2,200,000	2,000,000	2,000,000			
10	達成率	0%	17%	-12700000%			
11							

ダブルクリック

💬 セル B8 の数式は参照しているセルに間違いがあるため、計算の結果が "0" と表示されています。

→ 数式が表示され、編集できる状態になります。参照するセルを示す枠線が表示されます。

	A	B	C	D	E	F	G
1		紳士服売上管理表					
2	商品分類	4月	5月	6月			
3	スーツ類	1,281,000	1,158,000	1,086,000			
4	シャツ類	415,000	358,000	325,000			
5	ネクタイ・ベルト類	215,000	178,000	146,000			
6	バッグ類	198,000	143,000	115,000			
7	靴類	216,000	195,000	201,000			
8	合　計	=SUM(A3:A7)		1,873,000			
9	目標額	SUM(数値1, [数値2], ...) 0,000	2,000,000				
10	達成率	0%	17%	-12700000%			
11							

💬 この時点ではセル A3 〜 A7 が誤って参照されています。そこで参照範囲をセル B3 〜 B7 に移動して修正します。

3 参照するセルを示す枠線にマウスポインターを合わせます。

	A	B	C	D	E	F	G
1		紳士服売上管理表					
2	商品分類	4月	5月	6月			
3	スーツ類	1,281,000	1,158,000	1,086,000			
4	シャツ類	415,000	358,000	325,000			
5	ネクタイ・ベルト類	215,000	178,000	146,000			
6	バッグ類	198,000	143,000	115,000			
7	靴類	216,000	195,000	201,000			
8	合　計	=SUM(A3:A7)		1,873,000			
9	目標額	SUM(数値1, [数値2], ...) 0,000	2,000,000				
10	達成率	0%	17%	-12700000%			
11							

💬 左図では、下側の枠線にマウスポインターを合わせていますが、それ以外の箇所（上、左、右）でも同様に操作できます。

→ マウスポインターの形が ✥ に変わります。

4 枠線がセル B3 ～ B7 を囲むようにドラッグします。

	A	B	C	D	E	F	G
1			紳士服売上管理表				
2	商品分類	4月	5月	6月			
3	スーツ類	1,281,000	1,158,000	1,086,000			
4	シャツ類	415,000	358,000	325,000			
5	ネクタイ・ベルト類	215,000	178,000	146,000			
6	バッグ類	198,000	143,000	115,000			
7	靴類	216,000	195,000	201,000			
8	合　計	=SUM(B3:B7)		1,873,000			
9	目標額	SUM(数値1, [数値2], ...) 0,000	2,000,000				
10	達成率	0%	17%	-12700000%			
11							

→ 参照範囲がセル B3 ～ B7 に移動します。数式の引数も "B3:B7" に修正されます。

5 Enter キーを押して数式を確定します。

	A	B	C	D	E	F	G
1			紳士服売上管理表				
2	商品分類	4月	5月	6月			
3	スーツ類	1,281,000	1,158,000	1,086,000			
4	シャツ類	415,000	358,000	325,000			
5	ネクタイ・ベルト類	215,000	178,000	146,000			
6	バッグ類	198,000	143,000	115,000			
7	靴類	216,000	195,000	201,000			
8	合　計	=SUM(B3:B7)		1,873,000			
9	目標額	SUM(数値1, [数値2], ...) 0,000	2,000,000				
10	達成率	0%	17%	-12700000%			
11							

→ セル B8 の数式の参照範囲を移動できました。

	A	B	C	D	E	F	G
1			紳士服売上管理表				
2	商品分類	4月	5月	6月			
3	スーツ類	1,281,000	1,158,000	1,086,000			
4	シャツ類	415,000	358,000	325,000			
5	ネクタイ・ベルト類	215,000	178,000	146,000			
6	バッグ類	198,000	143,000	115,000			
7	靴類	216,000	195,000	201,000			
8	合　計	2,325,000	338,000	1,873,000			
9	目標額	2,200,000	2,000,000	2,000,000			
10	達成率	106%	17%	-12700000%			
11							

LESSON 2 | 数式の参照範囲を拡張・縮小する

LESSON1 では、参照範囲を示す枠線を移動しましたが、枠線を拡張・縮小することで数式を修正することもできます。

	A	B	C	D
1		紳士服売上管理表		
2	商品分類	4月	5月	6月
3	スーツ類	1,281,000	1,158,000	1,086,000
4	シャツ類	415,000	8,000	325,000
5	ネクタイ・ベルト類	215,000	8,000	146,000
6	バッグ類	198,000	143,000	115,000
7	靴類	216,000	195,000	201,000
8	合　計	2,325,000	=SUM(C6:C7)	

	A	B	C	D
1		紳士服売上管理表		
2	商品分類	4月	5月	6月
3	スーツ類	1,281,000	1,158,000	1,086,000
4	シャツ類	415,000	358,000	325,000
5	ネクタイ・ベルト類	215,000	178,000	146,000
6	バッグ類	198,000	143,000	115,000
7	靴類	216,000	195,000	201,000
8	合　計	2,325,000	=SUM(C3:C7)	

STEP　セルC8 の数式の参照範囲を"C3 〜C7"に拡張する

1 数式を修正したいセル C8 をダブルクリックします。

	A	B	C	D	E	F	G
1		紳士服売上管理表					
2	商品分類	4月	5月	6月			
3	スーツ類	1,281,000	1,158,000	1,086,000			
4	シャツ類	415,000	358,000	325,000			
5	ネクタイ・ベルト類	215,0		146,000			
6	バッグ類	198,0	ダブルクリック	115,000			
7	靴類	216,000	195,000	201,000			
8	合　計	2,325,000	338,000	1,873,000			
9	目標額	2,200,000	2,000,000	2,000,000			
10	達成率	106%	17%	-12700000%			
11							

セル C8 の数式は参照範囲に間違いがあり、対象となるセルの一部しか参照できていません。

→ 数式が表示され、編集できる状態になります。参照する範囲を示す枠線が表示されます。

	A	B	C	D	E	F	G
1		紳士服売上管理表					
2	商品分類	4月	5月	6月			
3	スーツ類	1,281,000	1,158,000	1,086,000			
4	シャツ類	415,000	358,000	325,000			
5	ネクタイ・ベルト類	215,000	178,000	146,000			
6	バッグ類	198,000	143,000	115,000			
7	靴類	216,000	195,000	201,000			
8	合　計	2,325,000	=SUM(C6:C7)				
9	目標額	2,200,000	SUM(数値1, [数値2], ...)	0,000			
10	達成率	106%	17%	-12700000%			
11							

この時点ではセル C6 〜 C7 が参照されていますが、正しい参照範囲はセル C3 〜 C7 です。

2 参照するセルを示す枠線の右上にあるハンドルにマウスポインターを合わせます。

	A	B	C	D	E	F	G
1		紳士服売上管理表					
2	商品分類	4月	5月	6月			
3	スーツ類	1,281,000	1,158,000	1,086,000			
4	シャツ類	415,000	358,000	325,000			
5	ネクタイ・ベルト類	215,000	178,000	146,000			
6	バッグ類	198,000	143,000	115,000			
7	靴類	216,000	195,000	201,000			
8	合　計	2,325,000	=SUM(C6:C7)				
9	目標額	2,200,000	SUM(数値1, [数値2], ...) 0,000				
10	達成率	106%	17%	-12700000%			
11							

→ マウスポインターの形が ⤢ に変わります。

今回は四隅のハンドルのうち右上のハンドルを利用しますが、参照範囲によってそれ以外のハンドル（右下、左上、左下）も利用します。

2

数式を作成する

3 枠線がセル C3 ～ C7 を囲むように、ドラッグします。

	A	B	C	D	E	F	G
1		紳士服売上管理表					
2	商品分類	4月	5月	6月			
3	スーツ類	1,281,000	1,158,000	1,086,000			
4	シャツ類	415,000	358,000	325,000			
5	ネクタイ・ベルト類	215,000	178,000	146,000			
6	バッグ類	198,000	143,000	115,000			
7	靴類	216,000	195,000	201,000			
8	合　計	2,325,000	=SUM(C3:C7)				
9	目標額	2,200,000	SUM(数値1, [数値2], ...) 0,000				
10	達成率	106%	17%	-12700000%			
11							

→ 参照範囲がセル C3 ～ C7 になります。数式の引数も "C3:C7" に修正されます。

4 Enter キーを押して数式を確定します。

→ セル C8 の数式の参照範囲を拡張できました。

	A	B	C	D	E	F	G
1		紳士服売上管理表					
2	商品分類	4月	5月	6月			
3	スーツ類	1,281,000	1,158,000	1,086,000			
4	シャツ類	415,000	358,000	325,000			
5	ネクタイ・ベルト類	215,000	178,000	146,000			
6	バッグ類	198,000	143,000	115,000			
7	靴類	216,000	195,000	201,000			
8	合　計	2,325,000	2,032,000	1,873,000			
9	目標額	2,200,000	2,000,000	2,000,000			
10	達成率	106%	102%	-12700000%			
11							

OnePoint　まったく異なる参照範囲を選び直すには

ここでの学習では、はじめに参照していたセル範囲に手を加えて数式を修正する方法を学習しましたが、参照範囲としてまったく異なるセルを選び直したい場合は、下図のように数式内の引数をドラッグして選択し、新たに参照したいセル範囲をドラッグまたはクリックして指定します。

数式内の引数をドラッグして選択します。

4月	5月	6月
1,281,000	1,158,000	1,086,000
415,000	358,000	325,000
215,000	178,000	146,000
198,000	143,000	115,000
216,000	5,000	201,000
2,325,000	=SUM(C3:C7)	5R x 1C

新しい参照範囲をドラッグして指定します。

LESSON 3 ｜ 数式の一部を入力で修正する

数式内の演算記号（＋ − ＊ ／）などに間違いがある場合は、正しい演算記号に入力し直します。
数式が入力されたセルをダブルクリックして編集できる状態にすれば、通常の文字や数値と同じように該当箇所だけを入力し直すことができます。

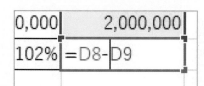

2
数式を作成する

STEP セルD10 の数式内の演算記号を" / "に修正する

1 数式を修正したいセル D10 をダブルクリックします。

	A	B	C	D	E	F	G
1		紳士服売上管理表					
2	商品分類	4月	5月	6月			
3	スーツ類	1,281,000	1,158,000	1,086,000			
4	シャツ類	415,000	358,000	325,000			
5	ネクタイ・ベルト類	215,000	178,000	146,000			
6	バッグ類	198,000	143,000	115,000			
7	靴類	216,000	195,000	201,000			
8	合　計	2,325,000	2,032,000				
9	目標額	2,200,000	2,000,000	2,000,000			
10	達成率	106%	102%	-127,000%			
11							

ダブルクリック

セル D10 の数式は演算記号に間違いがあり、正しい結果が表示できていません。

→ 数式が表示され、編集できる状態になります。

7	靴類	216,000	195,000	201,000
8	合　計	2,325,000	2,032,000	1,873,000
9	目標額	2,200,000	2,000,000	2,000,000
10	達成率	106%	102%	=D8-D9
11				

現状では "=D8-D9" と入力されていますが、これを "=D8/D9" に修正します。

2 セル内に表示されたカーソルを " − " のすぐ右に移動します。

7	靴類	216,000	195,000	201,000
8	合　計	2,325,000	2,032,000	1,873,000
9	目標額	2,200,000	2,000,000	2,000,000
10	達成率	106%	102%	=D8-D9
11				

カーソルの移動は左右の方向キー（← →）やクリックで行えます。

3 Backspace キーを押して " - " を削除し、「 / 」を入力します。

8	合　計	2,325,000	2,032,000	1,873,000	
9	目標額	2,200,000	2,000,000	2,000,000	
10	達成率	106%	102%	=D8D9	
11					

「/」は半角で入力します。

↓

8	合　計	2,325,000	2,032,000	1,873,000	
9	目標額	2,200,000	2,000,000	2,000,000	
10	達成率	106%	102%	=D8/D9	
11					

4 Enter キーを押して数式を確定します。

→ セル D10 の数式を修正できました。

	A	B	C	D	E	F	G
1			紳士服売上管理表				
2	商品分類	4月	5月	6月			
3	スーツ類	1,281,000	1,158,000	1,086,000			
4	シャツ類	415,000	358,000	325,000			
5	ネクタイ・ベルト類	215,000	178,000	146,000			
6	バッグ類	198,000	143,000	115,000			
7	靴類	216,000	195,000	201,000			
8	合　計	2,325,000	2,032,000	1,873,000			
9	目標額	2,200,000	2,000,000	2,000,000			
10	達成率	106%	102%	94%			
11							

ここではセル内で数式を修正しましたが、数式バーでも同様の修正を行うことができます。

2-5 絶対参照を利用した数式を作成する

数式にセル番地を利用することをセル参照と言いますが、セル参照には**相対参照**と呼ばれる基本の参照方式のほかに、**絶対参照**と呼ばれる方式があります。この絶対参照を利用して、相対参照ではコピーしづらい数式も簡単にコピーできます。

LESSON 1 数式に絶対参照を使う

同じ構造の数式を別のセルに入力するときはコピーが効率的ですが、まれに数式をコピーしても思いどおりの計算結果が得られないことがあります。

たとえば下図のような賃金計算表を作成する場合、仮に相対参照で数式を作ってコピーしたとすると、数式中のセル参照が下図のようにずれてしまいます。

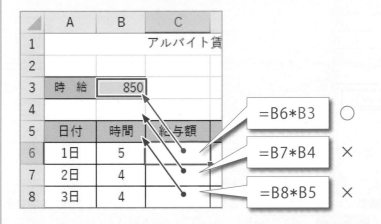

| =B6*B3 | ○ |

相対参照で作った数式は、コピーするとセルの参照にずれが生じるため、このような数式には不向きです。

| =B7*B4 | × |
| =B8*B5 | × |

参照するセルを固定するには絶対参照を利用します。絶対参照で数式を作ることで、コピーした場合も同じセルが参照され、思ったとおりの計算結果を表示できるようになります。

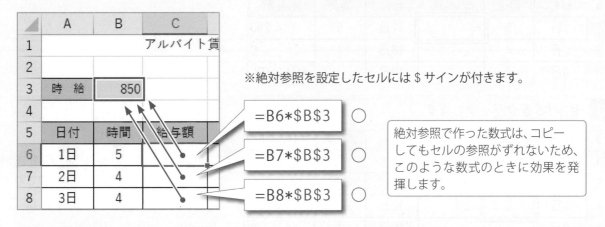

※絶対参照を設定したセルには $ サインが付きます。

| =B6*B3 | ○ |

絶対参照で作った数式は、コピーしてもセルの参照がずれないため、このような数式のときに効果を発揮します。

| =B7*B3 | ○ |
| =B8*B3 | ○ |

作成する数式によって、絶対参照が適しているケースと相対参照が適しているケースがあります。状況に応じて使い分けるようにしましょう。

1 シート見出し［絶対参照］をクリックして、ワークシート"絶対参照"に切り替えます。

	A	B	C	D	E	F	G	H	I	J
1			アルパイト賃金計算表							
2					勤務時間	89				
3	時　給	850			支給額	#VALUE!				
4										
5	日付	時間	給与額	日付	時間	給与額				
6	1日	5		17日	5	4,250				
7	2日	4		18日	4	0				
8	3日	4		19日		#VALUE!				
9	4日			20日	4	20				
10	5日			21日	4	16				
11	6日	4		22日		0				
12	7日	4		23日	5	0				
13	8日	5		24日	4	0				
14	9日			25日		0				
15	10日	5		26日		0				
16	11日	4		27日	5	25				
17	12日			28日	5	0				
18	13日			29日	4	20				
19	14日	4		30日		0				

四則演算 ｜ 関数式 ｜ 数式の修正 ｜ 絶対参照　⊕

準備完了

2 セル C6 をアクティブにして「=」を入力します。

「=」は半角で入力します。

	A	B	C	D	E	F	G
1			アルパイト賃金計算表				
2					勤務時間	89	
3	時　給	850			支給額	#VALUE!	
4							
5	日付	時間	給与額	日付	時間	給与額	
6	1日	5	=	17日	5	4,250	
7	2日	4		18日	4	0	
8	3日	4		19日		#VALUE!	

3 セル B6 をクリックします。

セル B6 には"勤務の時間数"が入力されています。

	A	B	C	D	E	F
3	時　給	850			支給額	#VALUE!
4						
5	日付	時間	給与額	日付	時間	給与額
6	1日	5	=B6	17日	5	4,250
7	2日	4		18日	4	0
8	3日	4		19日		#VALUE!

4 掛け算の演算記号「*」を入力します。

3	時　給	850		支給額	#VALUE!	
4						
5	日付	時間	給与額	日付	時間	給与額
6	1日	5	=B6*	17日	5	4,250
7	2日	4		18日	4	0
8	3日	4		19日		#VALUE!

「*」は半角で入力します。

5 セル B3 をクリックします。

	A	B	C	D	E	F	G
1			アルバイト賃金計算表				
2					勤務時間	89	
3	時　給	850			支給額	#VALUE!	
4							
5	日付	時間	給与額	日付	時間	給与額	
6	1日	5	=B6*B3	17日	5	4,250	
7	2日	4		18日	4	0	
8	3日	4		19日		#VALUE!	

セル B3 には "時給" が入力されています。このセルを絶対参照にします。

6 キーボードの F4 キーを押します。

この操作で、対象のセルを絶対参照にします。

→ 数式内の "B3" に "$" が付き、絶対参照に変更されます。

	A	B	C	D	E	F	G
1			アルバイト賃金計算表				
2					勤務時間	89	
3	時　給	850			支給額	#VALUE!	
4							
5	日付	時間	給与額	日付	時間	給与額	
6	1日	5	=B6*B3		5	4,250	
7	2日	4		18日	4	0	
8	3日	4		19日		#VALUE!	

7 Enter キーで数式を確定します。

→ 絶対参照を利用した数式を作成できました。

	A	B	C	D	E	F	G
1			アルバイト賃金計算表				
2					勤務時間	89	
3	時　給	850			支給額	#VALUE!	
4							
5	日付	時間	給与額	日付	時間	給与額	
6	1日	5	4,250	17日	5	4,250	
7	2日	4		18日	4	0	
8	3日	4		19日		#VALUE!	

絶対参照を利用した効果は、数式をコピーするまで確認できません。

STEP ▶ **絶対参照を利用したセルC6 の数式をセルC21 までコピーする**

1 セル C6 をアクティブにします。

2 セル C6 右下のフィルハンドルをセル C21 までドラッグして数式をコピーします。

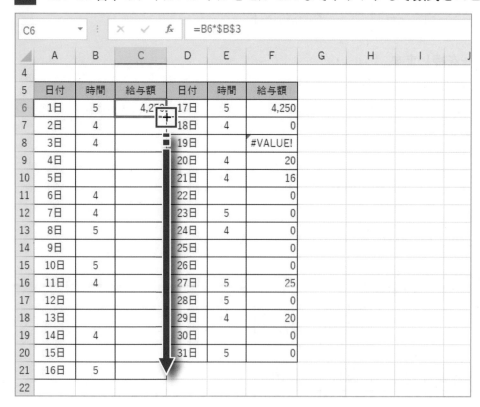

| C6 | | | × ✓ | fx | =B6*B3 |

→ 絶対参照を利用した数式をコピーし、計算結果を正しく表示できました。

	A	B	C	D	E	F	G	H	I
4									
5	日付	時間	給与額	日付	時間	給与額			
6	1日	5	4,250	17日	5	4,250			
7	2日	4	3,400	18日	4	0			
8	3日	4	3,400	19日		#VALUE!			
9	4日		0	20日	4	20			
10	5日		0	21日	4	16			
11	6日	4	3,400	22日		0			
12	7日	4	3,400	23日	5	0			
13	8日	5	4,250	24日	4	0			
14	9日		0	25日		0			
15	10日	5	4,250	26日		0			
16	11日	4	3,400	27日	5	25			
17	12日		0	28日	5	0			
18	13日		0	29日	4	20			
19	14日	4	3,400	30日		0			
20	15日		0	31日	5	0			
21	16日	5	4,250						
22									

各セルの数式を数式
バーで確認すると、い
ずれもセルB3（時給）
を参照していることが
分かります。

2

数式を作成する

⟲ OnePoint　**絶対参照ではなく相対参照を利用した場合**

今回の数式に絶対参照ではなく相対参照を利用した場合、コピーすると参照するセルがずれ、下図のような結果になります。

	A	B	C	D	E	F	G
4							
5	日付	時間	給与額	日付	時間	給与額	
6	1日	5	4,250	17日	5	4,250	
7	2日	4	0	18日	4	0	
8	3日	4	#VALUE!	19日		#VALUE!	
9	4日		0	20日	4	20	
10	5日		0	21日	4	16	
11	6日	4	16	22日		0	
12	7日	4	0	23日	5	0	
13	8日	5	0	24日	4	0	
14	9日		0	25日		0	
15	10日	5	20	26日		0	
16	11日	4	20	27日	5	25	
17	12日		0	28日	5	0	
18	13日		0	29日	4	20	
19	14日	4	16	30日		0	
20	15日		0	31日	5	0	
21	16日	5	0				
22							

参照するセルがずれてしまい、
正しい計算結果が得られてい
ません。

LESSON 2 | 作成済みの数式を絶対参照に変更する

LESSON1 では、数式の作成時に絶対参照を指定しましたが、ここでは作成済みの数式のセル参照を絶対参照に変更する方法を学習します。セル F6 にはすでに "=E6*B3"（時間 * 時給）の数式が作成されていますが、B3 を絶対参照にせずに数式をコピーしたため、セル F7 ～ F20 には誤った結果が表示されている状態です。

STEP ▶ セルF6 の数式のセル参照を絶対参照に変更する

1 セル F6 をアクティブにします。

	A	B	C	D	E	F	G	
1			アルバイト賃金計算表					
2					勤務時間	89		
3	時　給	850			支給額	#VALUE!		
4								
5	日付	時間	給与額	日付	時間	給与額		
6	1日	5	4,250	17日	5	4,250		
7	2日	4	3,400	18日	4	0		
8	3日	4	3,400	19日		#VALUE!		

2 数式バーのセル番地 "B3" の "B" と "3" の間でクリックします。

→ "B" と "3" の間にカーソルが表示されます。

3 キーボードの F4 キーを押します。

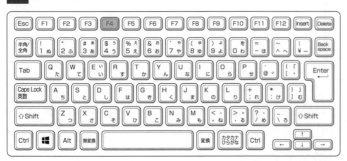

この操作で、対象のセルを絶対参照にします。

→ 数式内の "B3" に "$" が付きます。

| SUM | ▼ | ⋮ | ✕ | ✓ | *fx* | =E6*B3 |

| | A | B | C | D | E |

4 Enter キーで数式を確定します。

→ 絶対参照を利用した数式に変更できました。

	A	B	C	D	E	F	G
1			アルバイト賃金計算表				
2					勤務時間	89	
3	時　給	850			支給額	#VALUE!	
4							
5	日付	時間	給与額	日付	時間	給与額	
6	1日	5	4,250	17日	5	4,250	
7	2日	4	3,400	18日	4	0	
8	3日	4	3,400	19日		#VALUE!	

絶対参照に変更した効果は、数式をコピーするまで確認できません。

STEP 絶対参照を利用したセルF6 の数式をセルF20 までコピーする

1 セル F6 を選択します。

2 セル F6 右下のフィルハンドルをセル F20 までドラッグして数式をコピーしなおします。

→ 絶対参照に変更した数式をコピーし、計算結果を正しく表示できました。

	A	B	C	D	E	F	G	H	I
4									
5	日付	時間	給与額	日付	時間	給与額			
6	1日	5	4,250	17日	5	4,250			
7	2日	4	3,400	18日	4	3,400			
8	3日	4	3,400	19日		0			
9	4日		0	20日	4	3,400			
10	5日		0	21日	4	3,400			
11	6日	4	3,400	22日		0			
12	7日	4	3,400	23日	5	4,250			
13	8日	5	4,250	24日	4	3,400			
14	9日		0	25日		0			
15	10日	5	4,250	26日		0			
16	11日	4	3,400	27日	5	4,250			
17	12日		0	28日	5	4,250			
18	13日		0	29日	4	3,400			
19	14日	4	3,400	30日		0			
20	15日		0	31日	5	4,250			
21	16日	5	4,250						

各セルの数式を数式バーで確認すると、いずれもセル B3（時給）を参照していることが分かります。

3 ブック "Chap2_ 数式の練習" を上書き保存して、閉じます。

学習の | **CHAPTER 2　章末練習問題**
まとめ

【章末練習問題 1】 フリーマーケット販売管理表

📁 スクール基礎_Excel 2019 ▶ 📁 CHAPTER2 ▶ 📁 章末練習問題 ▶ Ｅ 「Chap2_ フリーマーケット販売管理表」

---

1 ブック「Chap2_ フリーマーケット販売管理表」を開きましょう。
　※ CHAPTER1 の章末練習問題で作成したブックを使用してもかまいません。

2 完成例を参考に数式を作成しましょう。

- セル I5 …… セル C5 ～ H5 の合計（作成後、セル I10 まで数式をコピー）
- セル I13 …… セル C13 ～ H13 の合計（作成後、セル I16 まで数式をコピー）
- セル C11 …… セル C5 ～ C10 の合計（作成後、セル I11 まで数式をコピー）
- セル C17 …… セル C13 ～ C16 の合計（作成後、セル I17 まで数式をコピー）
- セル J5 …… セル C5 ～ H5 の平均（作成後、セル J11 まで数式をコピー）
- セル J13 …… セル C13 ～ H13 の平均（作成後、セル J17 まで数式をコピー）
- セル C18 …… セル C11- C17（作成後、セル H18 まで数式をコピー）

3 ブックを上書き保存して閉じましょう。

＜完成例＞

	A	B	C	D	E	F	G	H	I	J	K
1	フリーマーケット販売管理表										
2											
3	作成日：	6月30日								(単位：円)	
4	売上	商品分類	1月	2月	3月	4月	5月	6月	分類別合計	分類別平均	
5		衣類	3400	5600	1300	2800	5900	3200	22200	3700	
6		電化製品	7500	2300	0	0	0	6700	16500	2750	
7		家具・寝具	0	3400	2600	4500	0	2300	12800	2133.333	
8		書籍	300	450	0	520	1300	400	2970	495	
9		食品	460	700	230	620	450	770	3230	538.3333	
10		その他	300	0	0	450	690	0	1440	240	
11		月別売上合	11960	12450	4130	8890	8340	13370	59140	9856.667	
12	経費	費目	1月	2月	3月	4月	5月	6月	費目別合計	費目別平均	
13		参加費	2000	1500	2000	1000	1500	3000	11000	1833.333	
14		梱包資材	580	0	1160	0	0	580	2320	386.6667	
15		値札	360	0	360	0	360	0	1080	180	
16		その他	0	840	680	980	750	680	3930	655	
17		月別経費合	2940	2340	4200	1980	2610	4260	18330	3055	
18	利益		9020	10110	-70	6910	5730	9110	40810	6801.667	
19											

【章末練習問題 2】 お土産品販売実績

🗁 スクール基礎_Excel 2019 ▶ 🗁 CHAPTER2 ▶ 🗁 章末練習問題 ▶ E 「Chap2_ お土産品販売実績」

1 ブック「Chap2_ お土産品販売実績」を開きましょう。

※ CHAPTER1 の章末練習問題で作成したブックを使用してもかまいません。

2 完成例を参考に数式を作成しましょう。

- セル E4 …… セル C4 * D4 （作成後、セル E6 まで数式をコピー）
- セル E8 …… セル C8 * D8 （作成後、セル E10 まで数式をコピー）
- セル E12 …… セル C12 * D12 （作成後、セル E14 まで数式をコピー）
- セル D7 …… セル D4 〜 D6 の合計 （作成後、セル F7 まで数式をコピー）

  ※セルの左上に表示される緑色の三角マークは数式にエラーの可能性があることを示すマークです。
   今回は周囲のセルと数式が異なることに反応して表示されていますが、これは意図的に行ったものであり
   エラーではありませんので無視してそのまま操作を進めてください。このマークは印刷されません。

- セル D11 …… セル D8 〜 D10 の合計 （作成後、セル F11 まで数式をコピー）
- セル D15 …… セル D12 〜 D14 の合計 （作成後、セル F15 まで数式をコピー）
- セル D16 …… セル D7、D11、D15 の合計 （作成後、セル F16 まで数式をコピー）
- セル G4 …… セル E4 / F4 （作成後、セル G16 まで数式をコピー）

3 ブックを上書き保存して閉じましょう。

＜完成例＞

	A	B	C	D	E	F	G	H
1	4月度お土産品販売実績					集計期間：4/1〜4/30		
2								
3	販売所	商品名	単価	販売数	売上金額	売上目標	達成率	
4	本店	梅ようかん	950	125	118750	100000	1.1875	
5		あられ詰め	1240	242	300080	280000	1.071714	
6		和風ドーナ	680	96	65280	70000	0.932571	
7		小計		463	484110	450000	1.0758	
8	駅売店	梅ようかん	950	211	200450	200000	1.00225	
9		あられ詰め	1240	195	241800	250000	0.9672	
10		和風ドーナ	680	167	113560	90000	1.261778	
11		小計		573	555810	540000	1.029278	
12	産業館売店	梅ようかん	950	68	64600	70000	0.922857	
13		あられ詰め	1240	85	105400	100000	1.054	
14		和風ドーナ	680	75	51000	60000	0.85	
15		小計		228	221000	230000	0.96087	
16	全店合計			1264	1260920	1220000	1.033541	
17								

【章末練習問題 3】雑貨売上集計表

📁 スクール基礎 _Excel 2019 ▶ 📁 CHAPTER2 ▶ 📁 章末練習問題 ▶ E 「Chap2_ 雑貨売上集計表」

1 ブック「Chap2_ 雑貨売上集計表」を開きましょう。

2 セル B12 の数式は参照範囲に誤りがあります。参照範囲を変更して数式を修正しましょう。修正した数式はセル G12 までコピーしましょう

- 正しい参照範囲 …… B3 〜 B11

3 セル B13 の数式は参照範囲に誤りがあります。参照範囲を変更して数式を修正しましょう。修正した数式はセル G13 までコピーしましょう。

- 正しい参照範囲 …… B3 〜 B11

※ドラッグ操作で参照範囲を変更しづらい場合は数式内のセル番地を直接入力し直すこともできます。

4 セル B14 に関数を使用してセル B3 〜 B11 の数値の個数を求める数式を作成しましょう。作成した数式は G14 までコピーしましょう。

5 セル B15 に関数を使用してセル B3 〜 B11 の最大値を求める数式を作成しましょう。作成した数式は G15 までコピーしましょう。

6 セル B16 に関数を使用してセル B3 〜 B11 の最小値を求める数式を作成しましょう。作成した数式は G16 までコピーしましょう。

7 セル H3 に「=G3/G12」の数式を作成しましょう。ただし、数式をコピーしたときにセル G12 の参照がずれてしまわないように、セル G12 を絶対参照にしましょう。

8 セル H3 の数式をセル H11 までコピーしましょう。

9 ブックを上書き保存して閉じましょう。

<完成例>

	A	B	C	D	E	F	G	H	I
1	雑貨売上集計表								
2	分類	千葉支店	埼玉支店	茨城支店	栃木支店	群馬支店	合計金額	構成比	
3	アクセサリー	365236	200351	418928	219658	479827	1684000	0.13663	
4	小物収納	236862	206930	186269	432751		1062812	0.086231	
5	クッション	273542	182666	410653	475822	309770	1652453	0.134071	
6	文房具	306035	366055		464574	171927	1308591	0.106172	
7	観葉植物		292963	134385	390262	151124	968734	0.078598	
8	バスケット	132590	325537	306759		288439	1053325	0.085461	
9	ゴミ箱	364763	454631	410824	470564	512144	2212926	0.179544	
10	ランドリー	376008	383233		195041		954282	0.077425	
11	照明器具	182578	463811	171805	446812	163098	1428104	0.115868	
12	合計金額	2237614	2876177	2039623	3095484	2076329	12325227		
13	平均金額	279701.8	319575.2	291374.7	386935.5	296618.4	1369470		
14	取扱分類数	8	9	7	8	7	9		
15	最大値	376008	463811	418928	475822	512144	2212926		
16	最小値	132590	182666	134385	195041	151124	954282		
17									

CHAPTER

3

表の体裁を整える

ここでは、列の幅や行の高さの調整、セルへのさまざまな書式設定、
罫線や塗りつぶしの設定など、より見やすく伝わりやすい体裁の
整った表にするための操作を学習します。

3-1 列の幅、行の高さを変更する

ワークシートの列の幅や行の高さは自由に調整することができます。
たとえば文字列がセルに収まりきらないときは列の幅を広げたり、反対に列の幅が広すぎるときは狭めたりして調整します。調整の方法には、自動調整と手動調整の 2 つの種類があります。

LESSON 1 | 列の幅を調整する

列の幅の調整は、列番号（A・B・C…）の境界線にマウスポインターを合わせて行います。この位置でダブルクリックすればその列の最も長い文字列に合わせて列幅が調整されます（**自動調整**）、また、左右にドラッグすれば任意の列幅に調整できます（**手動調整**）。さらに、複数の列を選択して、一度に列の幅を調整することもできます。

列番号の境界線

	A			D	E
1	自治会収支表				
2		作成日：	10月5日		

STEP ▶ **B列の幅を自動調整する**

1 CHAPTER1、CHAPTER2 で作成したブック「**自治会収支表**」を開きます。

▼ スクール基礎_Excel 2019 ▶ ▼ CHAPTER1 ▶ E「自治会収支表」

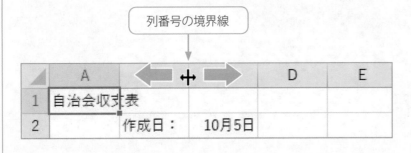

	A	B	C	D	E	F	G	H	I	J	K
1	自治会収支表										
2		作成日：	10月5日				(単位：円)				
3	収入	科目	4月	5月	6月	7月	合計				
4		自治会費	70000	70000	71500	72500	284000				
5		入会費	3000	0	9000	6000	18000				
6		寄付金	0	30000	0	20000	50000				
7		前期繰越金	46000	0	0	0	46000				
8		月別収入合	119000	100000	80500	98500	398000				
9											
10	支出	科目	4月	5月	6月	7月	合計				
11		事務費	35000	24500	18600	39500	117600				
12		会議費	5800	2500	3450	2350	14100				
13		活動費	25000	12300	24600	68000	129900				
14		雑費	580	0	230	890	1700				
15		月別支出合	66380	39300	46880	110740	263300				
16											

作成したブックがない場合は、実習用データ「Chap3_自治会収支表」を開いてください。実習用データはインターネットからダウンロードできます。詳細は本書の P.（4）に記載されています。

2 B列とC列の列番号の境界線にマウスポインターを合わせます。

A1	▼	⋮	×	✓	fx	自治会収支表	

	A	B	C	D	E	F	G	H
1	自治会収支表							
2		作成日：	10月5日				(単位：円)	
3	収入	科目	4月	5月	6月	7月	合計	
4		自治会費	70000	70000	71500	72500	284000	
5		入会費	3000	0	9000	6000	18000	

アクティブセルの位置
はどこであっても問題
ありません。

→ マウスポインターの形が ✛ に変わります。

3 その位置でダブルクリックします。

A1	▼	⋮	×	✓	fx	自治会収支表	

ダブルクリック

	A	B	C	D	E	F	G	H
1	自治会収支表							
2		作成日：	10月5日				(単位：円)	
3	収入	科目	4月	5月	6月	7月	合計	
4		自治会費	70000	70000	71500	72500	284000	
5		入会費	3000	0	9000	6000	18000	

→ B列の幅を自動調整できました。

	A	B	C	D	E	F	G	H
1	自治会収支表							
2		作成日：	10月5日				(単位：円)	
3	収入	科目	4月	5月	6月	7月	合計	
4		自治会費	70000	70000	71500	72500	284000	
5		入会費	3000	0	9000	6000	18000	
6		寄付金	0	30000	0	20000	50000	
7		前期繰越金	46000	0	0	0	46000	
8		月別収入合計	119000	100000	80500	98500	398000	
9								
10	支出	科目	4月	5月	6月	7月	合計	
11		事務費	35000	24500	18600	39500	117600	
12		会議費	5800	2500	3450	2350	14100	
13		活動費	25000	12300	24600	68000	129900	
14		雑費	580	0	230	890	1700	
15		月別支出合計	66380	39300	46880	110740	263300	
16								
17								
18								
19								

B列の中で最も長い文
字列（セル B8、セル
B15）に合わせて幅が
調整されます。

STEP G列の幅を"12.00"に手動調整する

1 G列とH列の列番号の境界線にマウスポインターを合わせます。

A1	▼	：	×	✓	fx	自治会収支表		
	A	B	C	D	E	F	G	H
1	自治会収支表							
2		作成日：		10月5日			（単位：円）	
3	収入	科目	4月	5月	6月	7月	合計	
4		自治会費	70000	70000	71500	72500	284000	
5		入会費	3000	0	9000	6000	18000	

2 右方向へドラッグを開始し、列の幅が "12.00" になったところでドラッグを終了します。

幅: 12.00 (101 ピクセル)

E	F	G	H	I
		（単位・		
月	7月	合計		
71500	72500	284000		
9000	6000	18000		

💬 列の幅の変更時に表示される数値は、半角文字が何字収まるかを表しています。
ただし、この数値はあくまで目安です。実際には文字の書式などの影響で収まる文字数は変わります。

→ G列の幅を "12.00" に手動調整できました。

12.00

	A	B	C	D	E	F	G	H
1	自治会収支表							
2		作成日：		10月5日				
3	収入	科目	4月	5月	6月	7月	合計	
4		自治会費	70000	70000	71500	72500	284000	
5		入会費	3000	0	9000	6000	18000	
6		寄付金	0	30000	0	20000	50000	
7		前期繰越金	46000	0	0	0	46000	
8		月別収入合計	119000	100000	80500	98500	398000	
9								
10	支出	科目	4月	5月	6月	7月	合計	
11		事務費	35000	24500	18600	39500	117600	
12		会議費	5800	2500	3450	2350	14100	
13		活動費	25000	12300	24600	68000	129900	
14		雑費	580	0	230	890	1700	
15		月別支出合計	66380	39300	46880	110740	263300	
16								

STEP　C列〜F列の各列の幅を"10.50"に調整する

1　C列の列番号にマウスポインターを合わせます。

	A	B	↓C	D	E	F	G	H
A1				fx	自治会収支表			
1	自治会収支表							
2		作成日：	10月5日				（単位：円）	
3	収入	科目	4月	5月	6月	7月	合計	
4		自治会費	70000	70000	71500	72500	284000	
5		入会費	3000	0	9000	6000	18000	

2　右方向へドラッグして、F列まで選択します。

	A	B	C	D	E	F	1048576R x 4C	H
1	自治会収支表							
2		作成日：	10月5日				（単位：円）	
3	収入	科目	4月	5月		7月	合計	
4		自治会費	70000	70000	71500	72500	284000	
5		入会費	3000	0	9000	6000	18000	
6		寄付金	0	30000	0	20000	50000	
7		前期繰越金	46000	0	0	0	46000	
8		月別収入合計	119000	100000	80500	98500	398000	
9								
10	支出	科目	4月	5月	6月	7月	合計	
11		事務費	35000	24500	18600	39500	117600	
12		会議費	5800	2500	3450	2350	14100	

列ごと選択するのが操作のポイントになります。セルのみの選択では今回の操作（複数の列の幅の調整）は行えません。

3　F列とG列の列番号の境界線にマウスポインターを合わせます。

	A	B	C	D	E	F	G	H
C1				fx				
1	自治会収支表							
2		作成日：	10月5日				（単位：円）	
3	収入	科目	4月	5月	6月	7月	合計	
4		自治会費	70000	70000	71500	72500	284000	
5		入会費	3000	0	9000	6000	18000	
6		寄付金	0	30000	0	20000	50000	
7		前期繰越金	46000	0	0	0	46000	
8		月別収入合計	119000	100000	80500	98500	398000	
9								
10	支出	科目	4月	5月	6月	7月	合計	
11		事務費	35000	24500	18600	39500	117600	
12		会議費	5800	2500	3450	2350	14100	

3

表の体裁を整える

4 右方向へドラッグを開始し、列の幅が "10.50" になったところでドラッグを終了します。

幅: 10.50 (89 ピクセル)

D	E	F		G	H
				(単位：円)	
月	6月	7月		合計	
70000	71500	72500		284000	
0	9000	6000		18000	

→ 選択した C 列〜 F 列の各列の幅を、一度に "10.50" に調整できました。

	A	B	C	D	E	F	G
1	自治会収支表						
2		作成日：		10.50			(単位：F
3	収入	科目	4月	5月	6月	7月	合計
4		自治会費	70000	70000	71500	72500	28
5		入会費	3000	0	9000	6000	1
6		寄付金	0	30000	0	20000	5
7		前期繰越金	46000	0	0	0	4
8		月別収入合計	119000	100000	80500	98500	39
9							
10	支出	科目	4月	5月	6月	7月	合計
11		事務費	35000	24500	18600	39500	11
12		会議費	5800	2500	3450	2350	1
13		活動費	25000	12300	24600	68000	12
14		雑費	580	0	230	890	
15		月別支出合計	66380	39300	46880	110740	26
16							
17							
18							

LESSON 2 | 行の高さを調整する

行の高さも列の幅と同様に調整が可能です。行番号（1・2・3…）の境界線を上下にドラッグすることで任意の高さに調整できます。複数の行を選択して一度に行の高さを調整することもできます。また、ダブルクリックによる自動調整も可能です。その場合は行内の最大の文字サイズに合わせて調整されます。

6		寄付金	0	30000
		前期繰越金	46000	0
		月別収入合計	119000	100000
	支出	科目	4月	5月
11		事務費	35000	24500

行番号の境界線 →

STEP 3行目～8行目の各行の高さを"24.00"に調整する

1 3行目～8行目を行ごと選択します。

2 8行目と9行目の行番号の境界線にマウスポインターを合わせます。

◢	A	B	C	D	E	F	G
1	自治会収支表						
2		作成日：	10月5日				(単位：F
3	収入	科目	4月	5月	6月	7月	合計
4		自治会費	70000	70000	71500	72500	28
5		入会費	3000	0	9000	6000	1
6		寄付金	0	30000	0	20000	5
7		前期繰越金	46000	0	0	0	4
8		月別収入合計	119000	100000	80500	98500	39
9							
10	支出	科目	4月	5月	6月	7月	合計
11		事務費	35000	24500	18600	39500	11
12		会議費	5800	2500	3450	2350	1

💬

行ごと選択するのが操作のポイントです。セルだけの選択では今回の操作（複数の行の高さの調整）は行えません。

3 下方向へドラッグを開始し、行の高さが "24.00" になったところでドラッグを終了します。

3	収入	科目	4月	5月
4		自治会費	70000	70000
5		入会費	3000	0
6		寄付金	0	30000
7		前期繰越金	46000	0
8	高さ: 24.00 (32 ピクセル) 月別収入合計		119000	100000
9				
10	支出	科目	4月	5月

行の高さの変更時に表示される数値は、その高さに収まる文字のサイズを表しています。

→ 選択した 3 行目〜 8 行目の各行の高さを、一度に "24.00" に調整できました。

	A	B	C	D	E	F	G
1	自治会収支表						
2		作成日：	10月5日				(単位：F
3	収入 24.00		4月	5月	6月	7月	合計
4		自治会費	70000	70000	71500	72500	28
5		入会費	3000	0	9000	6000	1
6		寄付金	0	30000	0	20000	5
7		前期繰越金	46000	0	0	0	4
8		月別収入合計	119000	100000	80500	98500	39
9							
10	支出	科目	4月	5月	6月	7月	合計

4 同様の方法で、10 行目〜 15 行目の各行の高さも "24.00" に設定します。

7		前期繰越金	46000	0	0	0	4
8		月別収入合計	119000	100000	80500	98500	39
9							
10	支出 24.00		4月	5月	6月	7月	合計
11		事務費	35000	24500	18600	39500	11
12		会議費	5800	2500	3450	2350	1
13		活動費	25000	12300	24600	68000	12
14		雑費	580	0	230	890	
15		月別支出合計	66380	39300	46880	110740	26
16							

Sheet1 ⊕

OnePoint　　**列の幅や行の高さを数値で指定するには**

マウスによる調整の操作が難しく感じる場合は、数値で列の幅や行の高さを指定する方法もあります。
対象の列または行を選んだ状態で、[ホーム] タブの [書式] ボタンをクリックし、[行の高さ] または
[列の幅] から数値を指定できます。

3

3-2 セルの書式を設定する

セルにはさまざまな書式が設定できます。たとえば文字のサイズ（フォントサイズ）や色、書体（フォント）といった書式があります。また、配置（レイアウト）も、表を美しく見せるために欠かせない設定です。たとえばセル内での文字の配置（中央揃えや右揃えなど）や、セルの結合といった書式があります。こういった視覚的な装飾を加えることで、情報がより伝わりやすくなったり、見る人の興味を引き付けたりする効果が期待できます。

LESSON 1 フォントサイズを変更する

フォントサイズの変更は、フォントサイズボックスを利用して行います。変更したいセル範囲を選択し、フォントサイズボックス内の一覧から希望のサイズを指定します。
Excel では、フォントサイズにポイント（pt）という単位が使われます。初期設定のフォントサイズは 11pt です。

STEP セルA1 のフォントサイズを"18pt"に変更する

1 セル A1 をアクティブにします。

	A	B	C	D	E	F	G
1	自治会収支表						
2		作成日：		10月5日			（単位：F
3	収入	科目	4月	5月	6月	7月	合計
4		自治会費	70000	70000	71500	72500	28
5		入会費	3000	0	9000	6000	1
6		寄付金	0	30000	0	20000	5

画面上では隣のセルB1 に文字がかぶっていますが、データが入力されているのはあくまでセル A1 なので、B1 まで選択する必要はありません。

2 ［ホーム］タブの［フォントサイズ］ボックスの ☑ をクリックします。

→ フォントサイズの一覧が表示されます。

3 一覧から［18］をクリックします。

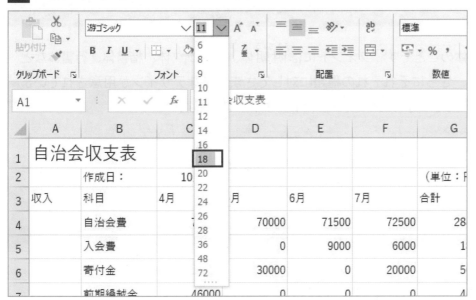

マウスポインターを合わせるだけで選択しているセルの文字サイズに変化がありますが、これは"リアルタイムプレビュー"と呼ばれる機能の働きです。設定後のイメージが確認できるため大変便利です。

3

表の体裁を整える

→ セル A1 のフォントサイズを 18pt に変更できました。

	A	B	C	D	E	F	G
1	自治会	収支表					
2		作成日：		10月5日			(単位：F
3	収入	科目	4月	5月	6月	7月	合計
4		自治会費	70000	70000	71500	72500	28

4 同様の方法で、セル G2 のフォントサイズを "9pt" に変更します。

	C	D	E	F	G	H	I
	10月5日				(単位：円)	← 9pt	
	4月	5月	6月	7月	合計		
	70000	70000	71500	72500	284000		

⟲ **OnePoint**　**フォントサイズの一覧にないサイズを指定したい場合**

希望のフォントサイズがフォントサイズの一覧にない場合は、ボックス内に数値をキーボードで入力し、Enter キーで確定することで指定できます。

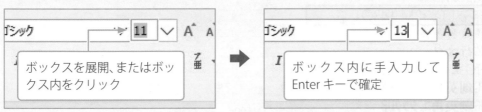

LESSON 2 | フォントを変更する

フォントとは文字の書体のことです。フォントには明朝体、ゴシック体、楷書体、行書体などいくつもの種類があり、さらにそれぞれの種類に対してさまざまなデザインが用意されています。フォントの変更は［ホーム］タブの［フォント］ボックスから行います。

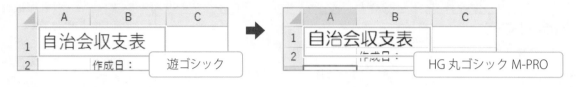

STEP セルA1 のフォントを"HG丸ゴシックM-PRO"に変更する

1 セル A1 をアクティブにします。

2 ［ホーム］タブの［フォント］ボックスの ☑ をクリックします。

→ フォントの一覧が表示されます。

3 一覧から［HG 丸ゴシック M-PRO］を探してクリックします。

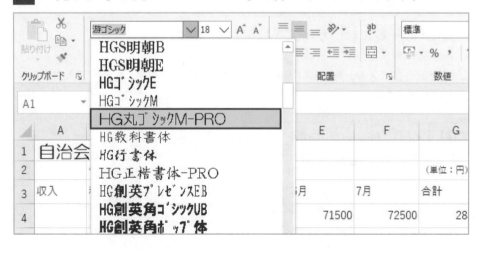

フォントの一覧をスクロールするには、右側のスクロールバーを利用します。

→ セル A1 のフォントを "HG 丸ゴシック M-PRO" に変更できました。

	A	B	C	D	E	F	G
1	自治会収支表						
2		作成日：	10月5日				(単位：円)
3	収入	科目	4月	5月	6月	7月	合計
4		自治会費	70000	70000	71500	72500	28

4 下図のように、その他のセル（A3 と A10）のフォントも変更します。

	A	B	C	D	E	F	G
1	自治会収支表						
2		作成日：	10月5日				(単位：円)
3	収入	科目	4月	5月	6月	7月	合計
4		自治会費	70000	70000	71500	72500	28
5		入会費	3000	0	9000	6000	1
6		寄付金	0	30000	0	20000	5
7		前期繰越金	46000	0	0	0	4
8		月別収入合計	119000	100000	80500	98500	39
9							
10	支出	科目	4月	5月	6月	7月	合計
11		事務費	35000	24500	18600	39500	11
12		会議費	5800	2500	3450	2350	1
13		活動費	25000	12300	24600	68000	12

HG 丸ゴシック M-PRO

お使いのパソコンの設定や環境によっては本書で使用しているフォントがないことがあります。その場合は、別のフォントで代用してください。

OnePoint Excel 2013 以前のフォント設定を利用するには

Excel 2019 では "游ゴシック" が標準（初期設定）のフォントとして利用されていますが、Excel 2013 以前は "MS P ゴシック" が利用されていました。そちらのほうがなじみ深い場合は、以下の方法で従来のフォント設定を利用することもできます。

▶ ［ページレイアウト］タブ→［テーマ］グループの［フォント］ボタン→［Office 2007 - 2010］

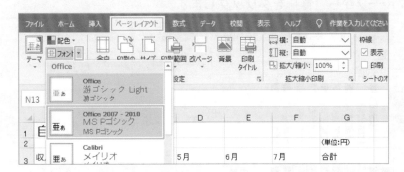

※すでに自分で任意のフォントに変更したセルは変化しません。

なお、標準フォントの変更に伴い、行の高さも従来の Excel の "13.50" に変化します。

LESSON 3 | フォントの色を変更する

フォントの色（文字の色）は、"テーマの色"、"標準の色"、"その他の色"という色のグループから自由に選んで変更することができます。

3	収入	科目

➡

3	収入	科目

10	支出	科目

➡

10	支出	科目

STEP セルA3 のフォントの色を"青"に変更する

1 セル A3 をアクティブにします。

	A	B	C	D	E	F	G
1	自治会収支表						
2		作成日：	10月5日				(単位：円)
3	収入	科目	4月	5月	6月	7月	合計
4		自治会費	70000	70000	71500	72500	28
5		入会費	3000	0	9000	6000	1

2 ［ホーム］タブの［フォントの色］ボタンの▼をクリックします。

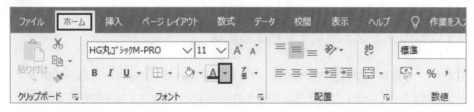

→ 色の一覧が表示されます。

3 色の一覧の［標準の色］グループから［青］をクリックします。

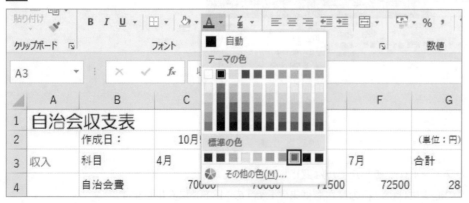

→ フォントの色を "青" に変更できました。

	A	B	C	D	E	F	G
1	自治会収支表						
2		作成日：	10月5日				（単位：円）
3	収入	科目	4月	5月	6月	7月	合計
4		自治会費	70000	70000	71500	72500	28
5		入会費	3000	0	9000	6000	1
6		寄付金	0	30000	0	20000	5
		前期繰越金	46000	0			

4 同様の方法で、セル A10 のフォントの色を下図のように変更します。

	A	B	C	D	E	F	G
1	自治会収支表						
2		作成日：	10月5日				（単位：円）
3	収入	科目	4月	5月	6月	7月	合計
4		自治会費	70000	70000	71500	72500	28
5		入会費	3000	0	9000	6000	1
6		寄付金	0	30000	0	20000	5
7		前期繰越金	46000	0	0	0	4
8				100000	80500	98500	39
9							
10	支出	科目	4月	5月	6月	7月	合計
11		事務費	35000	24500	18600	39500	11
12		会議費	5800	2500	3450	2350	1

［標準の色］グループの［赤］

◉ OnePoint　フォントの色を初期設定の色（黒）に戻すには

フォントの色の変更後、初期設定の色（黒）に戻したい場合は以下のように操作します。

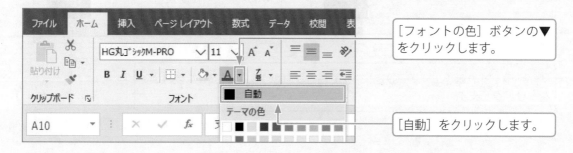

［フォントの色］ボタンの▼
をクリックします。

［自動］をクリックします。

3

表の体裁を整える

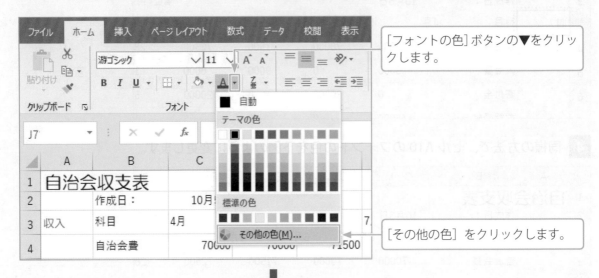

⬅ OnePoint より豊富な色から選ぶには

フォントの色を［その他の色］から選ぶと、より豊富な色を設定することができます。

> ［フォントの色］ボタンの▼をクリックします。

> ［その他の色］をクリックします。

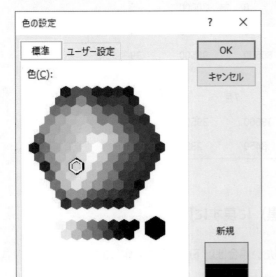

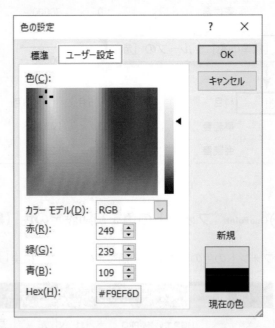

［標準］タブまたは［ユーザー設定］タブで色をクリックして選択した後、[OK]をクリックします。

LESSON 4 | その他の文字書式を設定する

データを強調するときなどに利用する**太字、斜体、下線**の書式は、それぞれのボタンをクリックするだけで簡単に設定・解除ができます。

STEP セルA3 ～ G3 に太字を設定する

1 セル A3 ～ G3 を範囲選択します。

	A	B	C	D	E	F	G
1	自治会収支表						
2		作成日：	10月5日				(単位：円)
3	収入	科目	4月	5月	6月	7月	合計
4		自治会費	70000	70000	71500	72500	284000
5		入会費	3000	0	9000	6000	18000
6		寄付金	0	30000	0	20000	50000

2 ［ホーム］タブの［太字］ボタンをクリックします。

ファイル　ホーム　挿入　ページ レイアウト　数式　データ　校閲　表示　ヘルプ　Ｑ 作業を入

HG丸ゴシックM-PRO　11　A^ A^　標準

B　I　U　%　,

クリップボード　フォント　配置　数値

→ セル A3 ～ G3 を太字にできました。

	A	B	C	D	E	F	G
1	自治会収支表						
2		作成日：	10月5日				(単位：円)
3	**収入**	**科目**	**4月**	**5月**	**6月**	**7月**	**合計**
4		自治会費	70000	70000	71500	72500	284000
5		入会費	3000	0	9000	6000	18000

極端に太くはなりません。軽くふちどる程度の太字です。

3 下図のように、その他のセルにも太字を設定します。

	A	B	C	D	E	F	G
1	自治会収支表						
2		作成日：	10月5日				(単位：円)
3	**収入**	**科目**	**4月**	**5月**	**6月**	**7月**	**合計**
4		自治会費	70000	70000	71500	72500	**284000**
5		入会費	3000	0	9000	6000	**18000**
6		寄付金	0	30000	0	20000	**50000**
7		前期繰越金	46000	0	0	0	**46000**
8		**月別収入合計**	**119000**	**100000**	**80500**	**98500**	**398000**

複数のセルを選択して一度に設定することもできます。

4 下図のように、"支出"の表のセルにも太字を設定します。

9						
10 支出	科目	4月	5月	6月	7月	合計
11	事務費	35000	24500	18600	39500	**117600**
12	会議費	5800	2500	3450	2350	**14100**
13	活動費	25000	12300	24600	68000	**129900**
14	雑費	580	0	230	890	**1700**
15	**月別支出合計**	**66380**	**39300**	**46880**	**110740**	**263300**

OnePoint　斜体と下線を設定するには

斜体と下線の書式も、太字と同様の操作で設定できます。

斜体の書式には［ホーム］タブの［斜体］ボタンを、下線の書式には［下線］ボタンを使用します。

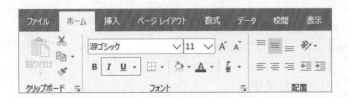

なお、下線の書式は、［下線］ボタンの▼をクリックして、種類（下線・二重下線）が選択できます。

■斜体　　　　　　　　■下線　　　　　　　　■二重下線

4月		4月		4月

OnePoint　セルの書式をすべて解除するには

セルに設定された書式をすべて解除したい場合は、対象のセルを選択して［ホーム］タブの［クリア］ボタンをクリックし、［書式のクリア］をクリックします。

※ Delete キーや Backspace キーでは、セル内のデータや数式が削除されるだけで、セルに設定された書式は消えません（解除できません）。

LESSON 5 ｜ セル内のデータの配置を変更する

セル内でのデータの配置は、文字列が左揃え、数値や日付が右揃えに初期設定されています。
これらの設定は自由に変更することができます。

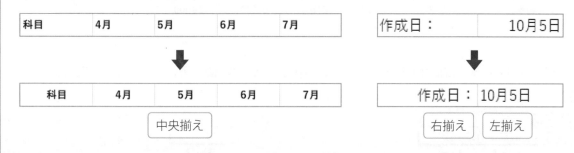

STEP セルB3 〜G3 のデータを各セルの中央に揃える

1 セル B3 〜 G3 を範囲選択します。

▲	A	B	C	D	E	F	G
1	自治会収支表						
2		作成日：	10月5日				(単位：円)
3	収入	科目	4月	5月	6月	7月	合計
4		自治会費	70000	70000	71500	72500	284000
5		入会費	3000	0	9000	6000	18000

2 ［ホーム］タブの［中央揃え］ボタンをクリックします。

| ファイル | ホーム | 挿入 | ページレイアウト | 数式 | データ | 校閲 | 表示 | ヘルプ | ♀ 作業を入力 |

游ゴシック　　　11　A^ A^
B I D ▼ | 田 ▼ | ♢ ▼ A ▼ | 標準
クリップボード | フォント | 配置 | 数値

→ データをそれぞれのセルの中央に配置できました。

▲	A	B	C	D	E	F	G
1	自治会収支表						
2		作成日：	10月5日				(単位：円)
3	収入	科目	4月	5月	6月	7月	合計
4		自治会費	70000	70000	71500	72500	284000
5		入会費		0	9000	6000	18000

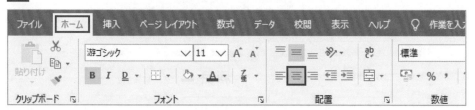

3 同様の方法で、セル B10 ～ G10 のデータを中央揃えに設定します。

		科目	4月	5月	6月	7月	合計
9							
10	支出	科目	4月	5月	6月	7月	合計
11		事務費	35000	24500	18600	39500	117600
12		会議費	5800	2500	3450	2350	14100
13		活動費	25000	12300	24600	68000	129900
14		雑費	580	0	230	890	1700

4 [ホーム]タブの ≡ [**右揃え**]ボタンと ≡ [**左揃え**]ボタンを使って、下図のように設定します。

	A	B	C	D	E	F	G
1	自治会収支表						
2		作成日：	10月5日				(単位：円)
3	収入	科目	4月	5月	6月	7月	合計

右揃え　左揃え　　　　　　　　　右揃え

💬 これらのボタンは［中央揃え］ボタンの両隣にあります。

🔄 **One Point**　**セル内のデータを縦方向に位置揃えするには**

セル内のデータを上部、中央部、下部の垂直方向いずれかに配置したい場合、[ホーム] タブの ［上揃え］［上下中央揃え］［下揃え］ ボタンを使用します。

| ファイル | ホーム | 挿入 | ページ レイアウト | 数式 | データ | 校閲 | 表示 | ヘルプ | 作業を入 |

游ゴシック 11

B I D

クリップボード　フォント　配置　数値

科目	科目	科目
上揃え	上下中央揃え	下揃え

LESSON 6 | セルを結合して中央に揃える

隣り合った複数のセルは結合する（つなげて 1 つのセルにする）ことができます。［ホーム］タブの［セルを結合して中央揃え］ボタンを利用すると、選択したセルが結合され、なおかつ中央揃えが設定されます。

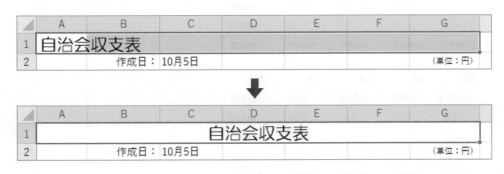

STEP セルA1 ～ G1 を結合してデータをセルの中央に揃える

1 セル A1 ～ G1 を範囲選択します。

	A	B	C	D	E	F	G
1	自治会収支表						
2		作成日： 10月5日					(単位：円)
3	収入	科目	4月	5月	6月	7月	合計
4		自治会費	70000	70000	71500	72500	284000
5		入会費	3000	0	9000	6000	18000
6		寄付金	0	30000	0	20000	50000
7		前期繰越金	46000	0	0	0	46000

2 ［ホーム］タブの［セルを結合して中央揃え］ボタンをクリックします。

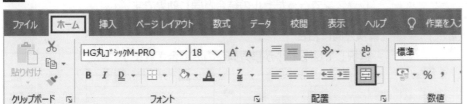

→ セル A1 ～ G1 を結合して、データをセルの中央に配置できました。

	A	B	C	D	E	F	G
1				自治会収支表			
2		作成日： 10月5日					(単位：円)
3	収入	科目	4月	5月	6月	7月	合計
4		自治会費	70000	70000	71500	72500	284000
5		入会費	3000	0	9000	6000	18000

3 さきほどと同様の操作で、セル A3 ～ A8 とセル A10 ～ A15 を結合して中央揃えします。

	A	B	C	D	E	F	G	H	I
1			自治会収支表						
2		作成日：10月5日					(単位：円)		
3		科目	4月	5月	6月	7月	合計		
4	収入	自治会費	70000	70000	71500	72500	284000		
5		入会費	3000	0	9000	6000	18000		
6		寄付金	0	30000	0	20000	50000		
7		前期繰越金	46000	0	0	0	46000		
8		月別収入合計	119000	100000	80500	98500	398000		
9									
10		科目	4月	5月	6月	7月	合計		
11	支出	事務費	35000	24500	18600	39500	117600		
12		会議費	5800	2500	3450	2350	14100		
13		活動費	25000	12300	24600	68000	129900		
14		雑費	580	0	230	890	1700		
15		月別支出合計	66380	39300	46880	110740	263300		
16									

> このように縦方向にも
> セルを結合することが
> できます。

OnePoint **セルの結合を解除するには**

....

セルの結合を解除するには、対象の結合セルを選択して、再度 [ホーム] タブの [セルを結合して中央揃え] ボタンをクリックします。

OnePoint **[セルを結合して中央揃え] のオプション**

....

[セルを結合して中央揃え] ボタンの▼をクリックすると、以下のオプションを選ぶことができます。

■セルを結合して中央揃え
レッスンで行ったセルの結合と同じ効果です。

■横方向に結合
選択しているセルが横方向にのみ結合されます。

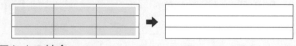

■セルの結合
セルの結合のみ行います。中央揃えは行われません。

■セル結合の解除
セルの結合を解除します。

LESSON **7** │ 文字の方向を縦書きに変更する

セル内の文字の方向は、初期設定の横書きに加えて、縦書きや斜めなど、いくつかの種類から選ぶことができます。文字の方向を変更するには［ホーム］タブの［方向］ボタンを使用します。

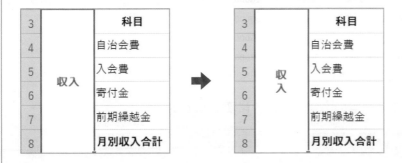

3

表の体裁を整える

STEP セルA3 ～A8 の文字の方向を縦書きに変更する

1 セル A3 ～ A8（結合セル）をアクティブにします。

	A	B	C	D	E	F	G	H	I
1				自治会収支表					
2		作成日：10月5日					(単位：円)		
3		科目	4月	5月	6月	7月	合計		
4	収入	自治会費	70000	70000	71500	72500	284000		
5		入会費	3000	0	9000	6000	18000		
6		寄付金	0	30000	0	20000	50000		
7		前期繰越金	46000	0	0	0	46000		
8		月別収入合計	119000	100000	80500	98500	398000		

2 ［ホーム］タブの［方向］ボタンをクリックします。

3 ［縦書き］をクリックします。

→ セル A3 〜 A8 の文字の方向を縦書きに変更できました。

	A	B	C	D	E	F	G	H	I
1				自治会収支表					
2		作成日：10月5日					(単位：円)		
3	収入	科目	4月	5月	6月	7月	合計		
4		自治会費	70000	70000	71500	72500	284000		
5		入会費	3000	0	9000	6000	18000		
6		寄付金	0	30000	0	20000	50000		
7		前期繰越金	46000	0	0	0	46000		
8		月別収入合計	119000	100000	80500	98500	398000		
9									

4 同様の方法で、セル A10 〜 A15 の文字の方向も縦書きに変更します。

	A	B	C	D	E	F	G	H	I
1				自治会収支表					
2		作成日：10月5日					(単位：円)		
3		科目	4月	5月	6月	7月	合計		
4	収入	自治会費	70000	70000	71500	72500	284000		
5		入会費	3000	0	9000	6000	18000		
6		寄付金	0	30000	0	20000	50000		
7		前期繰越金	46000	0	0	0	46000		
8		月別収入合計	119000	100000	80500	98500	398000		
9									
10		科目	4月	5月	6月	7月	合計		
11	支出	事務費	35000	24500	18600	39500	117600		
12		会議費	5800	2500	3450	2350	14100		
13		活動費	25000	12300	24600	68000	129900		
14		雑費	580	0	230	890	1700		
15		月別支出合計	66380	39300	46880	110740	263300		

5 A 列の幅を "4.00" に変更します。

	A	B	C	D	E	F	G	H	I
1				自治会収支表					
2		作成日：10月5日					(単位：円)		
3		科目	4月	5月	6月	7月	合計		
4	収入	自治会費	70000	70000	71500	72500	284000		
5		入会費	3000	0	9000	6000	18000		
6		寄付金	0	30000	0	20000	50000		
7		前期繰越金	46000	0	0	0	46000		
8		月別収入合計	119000	100000	80500	98500	398000		
9									
10		科目	4月	5月	6月	7月	合計		
11		事務費	35000	24500	18600	39500	117600		
12	支出	会議費	5800	2500	3450	2350	14100		
13		活動費	25000	12300	24600	68000	129900		
14		雑費	580	0	230	890	1700		
15		月別支出合計	66380	39300	46880	110740	263300		

3-3 表示形式を設定する

表示形式とは、データの見た目を変化させるための機能です。たとえば、数値に桁区切り記号である
カンマ（,）や、円記号（¥）を付けることができます。
このような表示形式による変化は、見た目のみに留まり、データの実体にまでは及びません。そのため、
状況に合わせていつでも解除して本来の見た目に戻すことが可能です。

LESSON 1 | 数値に桁区切りスタイルを適用する

桁区切りスタイルとは、3桁ごとにカンマ（,）が付く数値スタイルのことです。桁数の多い数
値はこのスタイルを適用することで数えやすくなります。設定するには［ホーム］タブの［桁
区切りスタイル］ボタンを使用します。

70000		70,000
初期設定		桁区切りスタイルを設定

STEP セルC4 〜 G8 に桁区切りスタイルの表示形式を適用する

1 セル C4 〜 G8 を範囲選択します。

	A	B	C	D	E	F	G
1			自治会収支表				
2		作成日：	10月5日				(単位：円)
3		科目	4月	5月	6月	7月	合計
4	収入	自治会費	70000	70000	71500	72500	284000
5		入会費	3000	0	9000	6000	18000
6		寄付金	0	30000	0	20000	50000
7		前期繰越金	46000	0	0	0	46000
8		月別収入合計	119000	100000	80500	98500	398000
9							

2 ［ホーム］タブの［桁区切りスタイル］ボタンをクリックします。

→ セル C4 ～ G8 の数値に桁区切りスタイルの表示形式を適用できました。

	A	B	C	D	E	F	G
1			自治会収支表				
2		作成日：10月5日					(単位：円)
3		科目	4月	5月	6月	7月	合計
4	収入	自治会費	70,000	70,000	71,500	72,500	284,000
5		入会費	3,000	0	9,000	6,000	18,000
6		寄付金	0	30,000	0	20,000	50,000
7		前期繰越金	46,000	0	0	0	46,000
8		月別収入合計	119,000	100,000	80,500	98,500	398,000
9							

表示形式は見た目のスタイルのみを変化させる機能です。そのため表示形式を解除すれば、カンマが付いていない状態にいつでも戻すことができます。

3 同様の方法で、セル C11 ～ G15 に桁区切りスタイルの表示形式を適用します。

	A	B	C	D	E	F	G	H	I
1			自治会収支表						
2		作成日：10月5日					(単位：円)		
3		科目	4月	5月	6月	7月	合計		
4	収入	自治会費	70,000	70,000	71,500	72,500	284,000		
5		入会費	3,000	0	9,000	6,000	18,000		
6		寄付金	0	30,000	0	20,000	50,000		
7		前期繰越金	46,000	0	0	0	46,000		
8		月別収入合計	119,000	100,000	80,500	98,500	398,000		
9									
10		科目	4月	5月	6月	7月	合計		
11	支出	事務費	35,000	24,500	18,600	39,500	117,600		
12		会議費	5,800	2,500	3,450	2,350	14,100		
13		活動費	25,000	12,300	24,600	68,000	129,900		
14		雑費	580	0	230	890	1,700		
15		月別支出合計	66,380	39,300	46,880	110,740	263,300		
16									

OnePoint 通貨表示形式（¥）やパーセントスタイル（%）を設定するには

数値の先頭に円記号（¥）を付けるには、[ホーム] タブの [通貨表示形式] ボタンをクリックします（▼からは選ばず、ボタンそのものをクリックします）。また、パーセント（%）表記に変更するには [パーセントスタイル] ボタンをクリックします。

[通貨表示形式] ボタン　　　[パーセントスタイル] ボタン

LESSON **2** | 日付スタイルを適用する

日付にはさまざまな表記法があります。まず年号には西暦・和暦という大きな分類があり、西暦には 4 桁（2020）と 2 桁（20）の 2 種類、和暦には "令和" と "R" の 2 種類があります。また、月日も、"4 月 1 日" や "4/1" など、いくつかの表記法があります。

表示形式を利用することで、好きなスタイルを設定することが簡単にでき、またいつでも変更することができます。

| 10月5日 | ➡ | 2020/10/5 |

STEP セル C2 に日付スタイル（2020/10/5）の表示形式を適用する

1 セル C2 をアクティブにします。

◢	A	B	C	D	E	F	G
1				自治会収支表			
2		作成日：	10月5日				(単位：円)
3		科目	4月	5月	6月	7月	合計
4		自治会費	70,000	70,000	71,500	72,500	284,000

2 ［ホーム］タブの［数値の書式］ボックスの ⌄ をクリックします。

→ 表示形式の一覧が表示されます。

3 ［短い日付形式］（2020/10/5）をクリックします。

⊟ 設定によっては［短い日付形式］が和暦（R2.10.5 など）で表示されることもありますが、そのまま学習を進めても問題はありません。

→ セル C2 に日付スタイルの表示形式を適用できました。

	A	B	C	D	E	F	G
1				自治会収支表			
2		作成日：	2020/10/5				(単位：円)
3		科目	4月	5月	6月	7月	合計
4	収入	自治会費	70,000	70,000	71,500	72,500	284,000
5		入会費	3,000	0	9,000	6,000	18,000
6		寄付金	0	30,000	0	20,000	50,000
7		前期繰越金	46,000	0	0	0	46,000

年数はデータ入力時の
ものが表示されますの
で本書と異なっていて
も問題はありません。

OnePoint　表示形式を解除するには

表示形式を解除したい場合は、[ホーム] タブの [数値の書式] ボックスから [標準] をクリックします。

3-4 罫線と塗りつぶしを設定する

ワークシートのセルを区切る薄い色の枠線は印刷されません。ワークシートを印刷したときに、セルを区切る枠線を表示させたい場合は"罫線"の設定が必要です。ここでは表に"罫線"を設定し、印刷可能な線を引く方法を学習します。

また、セルの背景に色を付ける"塗りつぶし"という設定も練習しましょう。

LESSON 1 セルに罫線を引く

これまで学習してきた書式と同じく、罫線（けいせん）もセルが基準となります。セルを無視して罫線を引くことはできません。罫線は［ホーム］タブの［罫線］ボタンで設定します。いくつかの種類が用意されており、その中から選んで設定します。ここで学習するのは利用頻度の高い以下の罫線です。

格子…… 選択しているセル範囲に格子線を引きます。最も標準的な罫線です。

太い外枠…… 選択しているセル範囲の外周のみに標準よりも太い線を引きます。

下太罫線…… 選択しているセル範囲の下方のみに太い線を引きます。

下二重罫線…… 選択しているセル範囲の下方のみに二重線を引きます。

STEP セルA3〜G8に罫線"格子"を引く

1 セルA3〜G8を範囲選択します。

	A	B	C	D	E	F	G	H
1			自治会収支表					
2		作成日：	2020/10/5				(単位：円)	
3		科目	4月	5月	6月	7月	合計	
4		自治会費	70,000	70,000	71,500	72,500	284,000	
5	収	入会費	3,000	0	9,000	6,000	18,000	
6	入	寄付金	0	30,000	0	20,000	50,000	
7		前期繰越金	46,000	0	0	0	46,000	
8		月別収入合計	119,000	100,000	80,500	98,500	398,000	
9								

2 ［ホーム］タブの［罫線］ボタンの▼をクリックします。

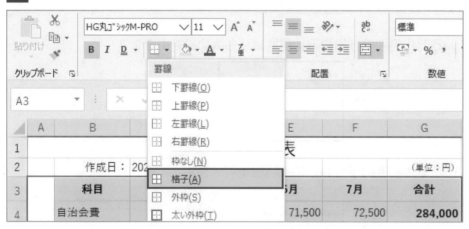

→ 罫線の一覧が表示されます。

3 ［格子］をクリックします。

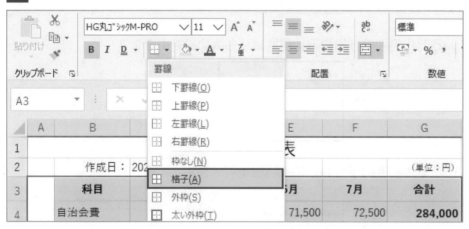

罫線

- 下罫線(O)
- 上罫線(P)
- 左罫線(L)
- 右罫線(R)
- 枠なし(N)
- 格子(A)
- 外枠(S)
- 太い外枠(T)

→ セルA3〜G8に罫線"格子"を引くことができました。

	A	B	C	D	E	F	G	H
1			自治会収支表					
2		作成日：	2020/10/5				(単位：円)	
3		科目	4月	5月	6月	7月	合計	
4		自治会費	70,000	70,000	71,500	72,500	284,000	
5	収	入会費	3,000	0	9,000	6,000	18,000	
6	入	寄付金	0	30,000	0	20,000	50,000	
7		前期繰越金	46,000	0	0	0	46,000	
8		月別収入合計	119,000	100,000	80,500	98,500	398,000	

範囲選択を解除すると罫線の様子がよく分かります。

STEP セルA3 ～ G8 の外周のみに太い線を引く

1 セル A3 ～ G8 を範囲選択します。

	A	B	C	D	E	F	G	H
1			自治会収支表					
2		作成日：	2020/10/5				(単位：円)	
3		科目	4月	5月	6月	7月	合計	
4		自治会費	70,000	70,000	71,500	72,500	284,000	
5	収入	入会費	3,000	0	9,000	6,000	18,000	
6		寄付金	0	30,000	0	20,000	50,000	
7		前期繰越金	46,000	0	0	0	46,000	
8		月別収入合計	119,000	100,000	80,500	98,500	398,000	
9								

2 ［ホーム］タブの［罫線］ボタンの▼をクリックします。

3 ［太い外枠］をクリックします。

→ セル A3 ～ G8 の外周のみに太い線を引くことができました。

	A	B	C	D	E	F	G	H
1			自治会収支表					
2		作成日：	2020/10/5				(単位：円)	
3		科目	4月	5月	6月	7月	合計	
4		自治会費	70,000	70,000	71,500	72,500	284,000	
5	収入	入会費	3,000	0	9,000	6,000	18,000	
6		寄付金	0	30,000	0	20,000	50,000	
7		前期繰越金	46,000	0	0	0	46,000	
8		月別収入合計	119,000	100,000	80,500	98,500	398,000	
9								

💬 範囲選択を解除すると
太い外枠の様子がよく
分かります。

3

表の体裁を整える

STEP セルB3 ～G3 の下方のみに太い線を引く

1 セル B3 ～ G3 を範囲選択します。

	A	B	C	D	E	F	G	H
1			自治会収支表					
2		作成日：	2020/10/5				(単位：円)	
3		科目	4月	5月	6月	7月	合計	
4		自治会費	70,000	70,000	71,500	72,500	284,000	
5	収	入会費	3,000	0	9,000	6,000	18,000	
6	入	寄付金	0	30,000	0	20,000	50,000	
7		前期繰越金	46,000	0	0	0	46,000	
8		月別収入合計	119,000	100,000	80,500	98,500	398,000	
9								

2 ［ホーム］タブの［罫線］ボタンの▼をクリックします。

3 ［下太罫線］をクリックします。

→ セル B3 ～ G3 の下方のみに太い線を引くことができました。

	A	B	C	D	E	F	G	H
1			自治会収支表					
2		作成日：	2020/10/5				(単位：円)	
3		科目	4月	5月	6月	7月	合計	
4		自治会費	70,000	70,000	71,500	72,500	284,000	
5	収	入会費	3,000	0	9,000	6,000	18,000	
6	入	寄付金	0	30,000	0	20,000	50,000	
7		前期繰越金	46,000	0	0	0	46,000	
8		月別収入合計	119,000	100,000	80,500	98,500	398,000	

範囲選択を解除すると
下太罫線の様子がよく
分かります。

STEP ▶ **セルB7〜G7 の下方のみに二重罫線を引く**

1　セル B7 〜 G7 を範囲選択します。

	A	B	C	D	E	F	G	H
1				自治会収支表				
2		作成日：	2020/10/5				(単位：円)	
3		科目	4月	5月	6月	7月	合計	
4	収入	自治会費	70,000	70,000	71,500	72,500	284,000	
5		入会費	3,000	0	9,000	6,000	18,000	
6		寄付金	0	30,000	0	20,000	50,000	
7		前期繰越金	46,000	0	0	0	46,000	
8		月別収入合計	119,000	100,000	80,500	98,500	398,000	
9								

2　［ホーム］タブの［罫線］ボタンの▼をクリックします。

3　［下二重罫線］をクリックします。

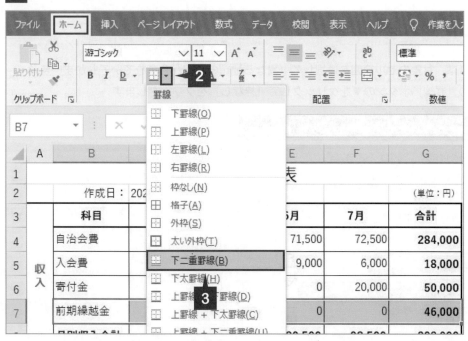

→ セル B7 〜 G7 の下方のみに二重線を引くことができました。

	A	B	C	D	E	F	G	H
1				自治会収支表				
2		作成日：	2020/10/5				(単位：円)	
3		科目	4月	5月	6月	7月	合計	
4	収入	自治会費	70,000	70,000	71,500	72,500	284,000	
5		入会費	3,000	0	9,000	6,000	18,000	
6		寄付金	0	30,000	0	20,000	50,000	
7		前期繰越金	46,000	0	0	0	46,000	
8		月別収入合計	119,000	100,000	80,500	98,500	398,000	
9								

💬 範囲選択を解除すると下二重罫線の様子がよく分かります。

3

表の体裁を整える

4 同様の方法で、"支出"の表にも下図のように罫線を引きます。

	A	B	C	D	E	F	G	H
4	収入	自治会費	70,000	70,000	71,500	72,500	284,000	
5		入会費	3,000	0	9,000	6,000	18,000	
6		寄付金	0	30,000	0	20,000	50,000	
7		前期繰越金	46,000	0	0	0	46,000	
8		月別収入合計	119,000	100,000	80,500	98,500	398,000	
9								
10	支出	科目	4月	5月	6月	7月	合計	
11		事務費	35,000	24,500	18,600	39,500	117,600	
12		会議費	5,800	2,500	3,450	2,350	14,100	
13		活動費	25,000	12,300	24,600	68,000	129,900	
14		雑費	580	0	230	890	1,700	
15		月別支出合計	66,380	39,300	46,880	110,740	263,300	
16								

◉ OnePoint　罫線を解除するには

罫線を解除したい場合は、対象のセル範囲を選択して（異なる種類の罫線が含まれていてもかまいません）、［ホーム］タブの［罫線］ボタンの▼をクリックして［枠なし］をクリックします。

◉ OnePoint　罫線を引く順番の注意点

今回のレッスンのように組み合わせの罫線を引く場合は、順番に気を付けます。

たとえば、格子線を最後に引いた場合、先に引いた太い外枠や下太罫線、下二重罫線は後から引いた格子線によって上書きされ消えてしまいます。

⊛OnePoint 罫線をより詳細に設定するには

罫線を設定するには、レッスンで紹介したボタンを使う方法の他にもさまざまな方法があります。代表的なものは［セルの書式設定］ダイアログボックスの［罫線］タブを使用する方法です。

［セルの書式設定］ダイアログボックスを表示するには、［ホーム］タブの［罫線］ボタンの▼をクリックして、［その他の罫線］をクリックします。

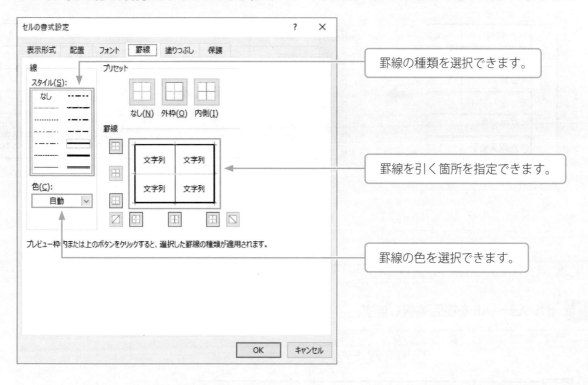

罫線の種類を選択できます。

罫線を引く箇所を指定できます。

罫線の色を選択できます。

LESSON 2 | セルの背景を塗りつぶす

セルには背景色を設定することができます。この設定を塗りつぶしと呼びます。データの分類を視覚的に伝えたい場合やセルを強調したい場合などに便利です。

ここでは、セルの塗りつぶしを青に設定し、その後フォントの色を白に変更します。

塗りつぶし：青

フォントの色：白

STEP **セルA3 〜A8 に塗りつぶし"青、アクセント 5"を設定する**

1 セル A3 〜 A8 を範囲選択します。

	A	B	C	D	E	F	G	H
1		自治会収支表						
2		作成日：	2020/10/5				(単位：円)	
3		科目	4月	5月	6月	7月	合計	
4	収入	自治会費	70,000	70,000	71,500	72,500	284,000	
5		入会費	3,000	0	9,000	6,000	18,000	
6		寄付金	0	30,000	0	20,000	50,000	
7		前期繰越金	46,000	0	0	0	46,000	
8		月別収入合計	119,000	100,000	80,500	98,500	398,000	
9								

2 ［ホーム］タブの［塗りつぶしの色］ボタンの▼をクリックします。

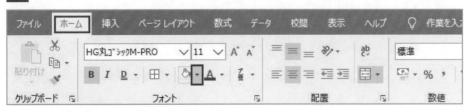

→ 色の一覧が表示されます。

3 [テーマの色] から [青、アクセント 5] をクリックします。

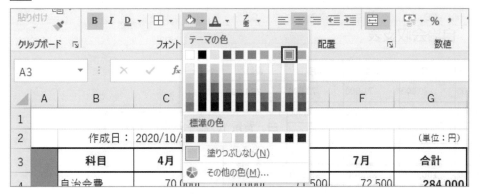

→ セル A3 ～ A8 に [青、アクセント 5] の背景色を設定できました。

	A	B	C	D	E	F	G	H
1				自治会収支表				
2		作成日：	2020/10/5				(単位：円)	
3		科目	4月	5月	6月	7月	合計	
4	収入	自治会費	70,000	70,000	71,500	72,500	284,000	
5		入会費	3,000	0	9,000	6,000	18,000	
6		寄付金	0	30,000	0	20,000	50,000	
7		前期繰越金	46,000	0	0	0	46,000	
8		月別収入合計	119,000	100,000	80,500	98,500	398,000	

> 💬 セルにどのような色を
> 付けるかは自由です
> が、今回のように文字
> が読みづらくなる場合
> はフォントの色を変更
> します。

4 [ホーム] タブの [フォントの色] ボタンの▼をクリックします。

5 [テーマの色] から [白、背景 1] をクリックします。

→ フォントの色が白くなり読みやすくなりました。

	A	B	C	D	E	F	G	H
1				自治会収支表				
2		作成日：	2020/10/5				(単位：円)	
3		科目	4月	5月	6月	7月	合計	
4	収入	自治会費	70,000	70,000	71,500	72,500	284,000	
5		入会費	3,000	0	9,000	6,000	18,000	
6		寄付金	0	30,000	0	20,000	50,000	
7		前期繰越金	46,000	0	0	0	46,000	
8		月別収入合計	119,000	100,000	80,500	98,500	398,000	

6 同様の方法で、下図のように塗りつぶしを設定します。

	科目	4月	5月	6月	7月	合計
自治会収支表						
	作成日： 2020/10/5					(単位：円)
収入	科目	4月	5月	6月	7月	合計
	自治会費	70,000	70,000	71,500	72,500	284,000
	入会費	3,000	0	9,000	6,000	
	寄付金	0	30,000	0	20,000	
	前期繰越金	46,000	0	0	0	46,000
	月別収入合計	119,000	100,000	80,500	98,500	398,000
支出	科目	4月	5月	6月	7月	合計
	事務費	35,000	24,500	18,600	39,500	117,600
	会議費	5,800	2,500	3,450	2,350	
	活動費	25,000	12,300	24,600	68,000	129,900
	雑費	580	0	230	890	1,700
	月別支出合計	66,380	39,300	46,880	110,740	263,300

白、背景 1、黒 + 基本色 15%

白、背景 1、黒 + 基本色 15%

オレンジ、アクセント 2　　フォントの色：白、背景 1

🔄 **OnePoint**　**セルの塗りつぶしを解除するには**

セルの塗りつぶしの解除は、［ホーム］タブの［塗りつぶしの色］ボタンの▼をクリックして［塗りつぶしなし］をクリックして行います。

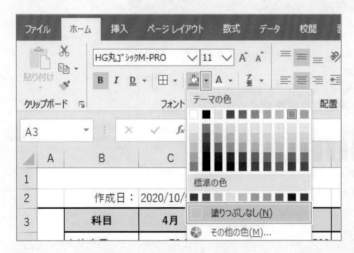

塗りつぶしの色を消すために、［白］の塗りつぶしを設定するのは避けるようにしましょう。白く塗りつぶすと画面上では背景色が消えたように見えますが、塗りつぶしの解除にはなっておらず、後でトラブルの原因となることがあります。

3-5 表に行や列を挿入する

表をある程度作成した時点で、不足している行や列に気づいた場合などには行や列を挿入することができます。反対に、不要な行や列がある場合は削除することができます。

LESSON 1 | 行を挿入する

行の挿入を行う方法はいくつかありますが、ここでは対象の行番号を右クリックしてショートカットメニューを利用する方法を学習します。

ショートカットメニューには、選択範囲に対して設定できる代表的な機能が一覧となって表示されるため、機能を探す手間が省けます。

STEP 12行目と13行目の間に1行挿入する

1 13行目の行番号にマウスポインターを合わせます。

2 その位置で右クリックします。

10		科目	4月	5月	6月	
11		事務費	35,000	24,500	18,600	
12	支出	会議費	5,800	2,500	3,450	
13		活動費	25,000	12,300	24,600	
14		雑費	580	0	230	
15		月別支出合計	66,380	39,300	46,880	1
16						
17						

→ 13行目が選択され、さらにショートカットメニューが表示されます。

3 ショートカットメニューから［挿入］をクリックします。

	A	B	C	D	E	F	G
✂ 切り取り(T)			0,000	70,000	71,500	72,500	**284,000**
📋 コピー(C)			3,000	0	9,000	6,000	**18,000**
📋 貼り付けのオプション:			0	30,000	0	20,000	**50,000**
📋			6,000	0	0	0	**46,000**
形式を選択して貼り付け(S)...							
挿入(I)			0,000	100,000	80,500	98,500	**398,000**
削除(D)							
数式と値のクリア(N)			目	**5月**	**6月**	**7月**	**合計**
📋 セルの書式設定(F)...			5,000	24,500	18,600	39,500	**117,600**
行の高さ(R)...			5,800	2,500	3,450	2,350	**14,100**
非表示(H)							
再表示(U)							
13		活動費	25,000	12,300	24,600	68,000	**129,900**

→ 12 行目と 13 行目の間に新しい行を挿入できました。

	A	B	C	D	E	F	G
4	収入	自治会費	70,000	70,000	71,500	72,500	**284,000**
5		入会費	3,000	0	9,000	6,000	**18,000**
6		寄付金	0	30,000	0	20,000	**50,000**
7		前期繰越金	46,000	0	0	0	**46,000**
8		**月別収入合計**	**119,000**	**100,000**	**80,500**	**98,500**	**398,000**
9							
10		**科目**	**4月**	**5月**	**6月**	**7月**	**合計**
11		事務費	35,000	24,500	18,600	39,500	**117,600**
12		会議費	5,800	2,500	3,450	2,350	**14,100**
13	支出						
14		活動費	25,000	12,300	24,600	68,000	**129,900**
15		雑費	580	0	230	890	**1,700**
16		**月別支出合計**	**66,380**	**39,300**	**46,880**	**110,740**	**263,300**
17							

💬 挿入された行には、上の行と同じ書式が適用されています。

4 下図のように、挿入した行にデータを入力します。

		B	C	D	E	F	G
10		**科目**	**4月**	**5月**	**6月**	**7月**	**合計**
11		事務費	35,000	24,500	18,600	39,500	**117,600**
12		会議費	5,800	2,500	3,450	2,350	**14,100**
13	支出	備品費	850	1,350	980	3,450	
14		活動費	25,000	12,300	24,600	68,000	**129,900**
15		雑費	580	0	230	890	**1,700**
16		**月別支出合計**	**67,230**	**40,650**	**47,860**	**114,190**	**269,930**
17							

💬 データの入力に伴って、セル C16 ～ G16 は数式が再計算され、最新の状態に更新されます。

STEP　挿入した行に数式をコピーする

1　セル G12 を選択し、フィルハンドルにマウスポインターを合わせます。

2　フィルハンドルをセル G13 までドラッグします。

	科目	4月	5月	6月	7月	合計
支出	事務費	35,000	24,500	18,600	39,500	117,600
	会議費	5,800	2,500	3,450	2,350	14,100
	備品費	850	1,350	980	3,450	
	活動費	25,000	12,300	24,600	68,000	129,900
	雑費	580	0	230	890	1,700
	月別支出合計	67,230	40,650	47,860	114,190	269,930

今回はセル G13 に数式がコピーされませんでしたが、行数が多い表の場合は自動的に数式がコピーされることもあります。

→ 挿入した行に数式をコピーできました。

	科目	4月	5月	6月	7月	合計
支出	事務費	35,000	24,500	18,600	39,500	117,600
	会議費	5,800	2,500	3,450	2,350	14,100
	備品費	850	1,350	980	3,450	6,630
	活動費	25,000	12,300	24,600	68,000	129,900
	雑費	580	0	230	890	1,700
	月別支出合計	67,230	40,650	47,860	114,190	269,930

One Point　行の挿入時に適用する書式を指定するには

行を挿入した直後に表示される［挿入オプション］をクリックすると、上の行と下の行、どちらの書式を適用するかを指定できます。また書式をクリア（消去）することもできます。

	科目	4月	5月
	自治会費	70,000	70,000
		3,000	0
		0	30,000
	前期繰越金	46,000	0

- ○ 上と同じ書式を適用(A)
- ○ 下と同じ書式を適用(B)
- ○ 書式のクリア(C)

同様の操作は、次のレッスンで学習する "列の挿入" 時にも行うことができます。

LESSON 2 | 列を挿入する

列の挿入もショートカットメニューを利用して行うことができます。複数列を挿入する場合は、挿入したい列と同じ数の列を選択してから右クリックします。右クリックは選択した範囲内で行うようにします（行の場合も、同様の操作で複数行を挿入できます）。

F	G	H	I	J
	(単位：円)			
7月	合計			
72,500	284,000			
6,000	18,000			
20,000	50,000			

→

F	G	H	I
支表			(単位：円)
7月			合計
72,500			284,000
6,000			18,000
20,000			50,000

STEP F列とG列の間に2列挿入する

1 G列の列番号からH列の列番号までドラッグし、列単位で選択します。

D	E	F	G	H		J	K
自治会収支表					1048576R x 2C		
5				(単位：円)			
	5月	6月	7月	合計			
)00	70,000	71,500	72,500	284,000			
)00	0	9,000	6,000	18,000			
0	30,000	0	20,000	50,000			
)00	0	0	0	46,000			
00	100,000	80,500	98,500	398,000			

2 選択した範囲内で、右クリックします。

D	E	F	G	H	I	J	K
自治会収支表							
5				(単位：円)			
	5月	6月	7月	合計			
)00	70,000	71,500	72,500	284,000			
)00	0	9,000	6,000	18,000			
0	30,000	0	20,000	50,000			
)00	0	0	0	46,000			
00	100,000	80,500	98,500	398,000			

→ ショートカットメニューが表示されます。

3 ショートカットメニューから ［挿入］ をクリックします。

	D	E	F	G	H	I	K
	自治会収支表						
5						(単位：円)	
	5月	6月	7月	合計			
,000	70,000	71,500	72,500	284,000			
,000	0	9,000	6,000	18,000			
0	30,000	0	20,000	50,000			
,000	0	0	0	46,000			
,000	100,000	80,500	98,500	398,000			
	5月	6月	7月	合計			

ショートカットメニュー：
- 切り取り(T)
- コピー(C)
- 貼り付けのオプション：
- 形式を選択して貼り付け(S)...
- **挿入(I)**
- 削除(D)
- 数式と値のクリア(N)
- セルの書式設定(F)...
- 列の幅(W)...
- 非表示(H)
- 再表示(U)

→ F 列と G 列の間に新しい列を 2 列挿入できました。

	D	E	F	G	H	I	J
	自治会収支表						
5						(単位：円)	
	5月	6月	7月			合計	
,000	70,000	71,500	72,500			284,000	
,000	0	9,000	6,000			18,000	
0	30,000	0	20,000			50,000	
,000	0	0	0			46,000	
00	100,000	80,500	98,500			398,000	
	5月	6月	7月			合計	

💬 挿入された列には、左の列と同じ書式が適用されています。

🔄 **OnePoint** 　**行や列を削除するには**

行や列の削除は、対象の行番号や列番号にマウスポインターを合わせて右クリックし、表示されたショートカットメニューから ［削除］ をクリックします。

ショートカットメニュー：
- 挿入(I)
- **削除(D)**
- 数式と値のクリア(N)
- セルの書式設定(F)...
- 行の高さ(R)...
- 非表示(H)
- 再表示(U)

4	0,000	70,000
5	3,000	0
6	0	30,000
7	6,000	0
8	,000	100,000
9		

1 セル F3 を選択し、フィルハンドルにマウスポインターを合わせてセル H3 までドラッグします。

	D	E	F	G	H	I	J
		自治会収支表				(単位：円)	
		5月	6月	7月		合計	
000	70,000	71,500	72,500			284,000	
000	0	9,000	6,000			18,000	
0	30,000	0	20,000			50,000	
000	0	0	0			46,000	
00	100,000	80,500	98,500			398,000	

→ 挿入した列に月数の連続データを入力できました。

	D	E	F	G	H	I	J
		自治会収支表				(単位：円)	
		5月	6月	7月	8月	9月	合計
000	70,000	71,500	72,500			284,000	
000	0	9,000	6,000			18,000	
0	30,000	0	20,000			50,000	
000	0	0	0			46,000	
00	100,000	80,500	98,500			398,000	

2 同様の方法で、セル G10 ～ H10 にも月数を入力します。

	D	E	F	G	H	I	J
		自治会収支表				(単位：円)	
		5月	6月	7月	8月	9月	合計
000	70,000	71,500	72,500			284,000	
000	0	9,000	6,000			18,000	
0	30,000	0	20,000			50,000	
000	0	0	0			46,000	
00	100,000	80,500	98,500			398,000	
		5月	6月	7月	8月	9月	合計
000	24,500	18,600	39,500			117,600	
800	2,500	3,450	2,350			14,100	
350	1,350	980	3,450			6,630	

STEP 挿入した列に数式をコピーする

1 セル F8 を選択し、フィルハンドルにマウスポインターを合わせてセル H8 までドラッグします。

	D	E	F	G	H	I	J
		自治会収支表				(単位:円)	
	5月	6月	7月	8月	9月	合計	
000	70,000	71,500	72,500			284,000	
000	0	9,000	6,000			18,000	
0	30,000	0	20,000			50,000	
000	0	0	0			46,000	
00	100,000	80,500	98,500			398,000	

→ 挿入した列に数式をコピーできました。

	D	E	F	G	H	I	J
		自治会収支表				(単位:円)	
	5月	6月	7月	8月	9月	合計	
000	70,000	71,500	72,500			284,000	
000	0	9,000	6,000			18,000	
0	30,000	0	20,000			50,000	
000	0	0	0			46,000	
00	100,000	80,500	98,500	0	0	398,000	

2 同様の方法で、セル G16 ～ H16 にも数式をコピーします。

	D	E	F	G	H	I	J
000	70,000	71,500	72,500			284,000	
000	0	9,000	6,000			18,000	
0	30,000	0	20,000			50,000	
000	0	0	0			46,000	
00	100,000	80,500	98,500	0	0	398,000	
	5月	6月	7月	8月	9月	合計	
000	24,500	18,600	39,500			117,600	
800	2,500	3,450	2,350			14,100	
850	1,350	980	3,450			6,630	
000	12,300	24,600	68,000			129,900	
680	0	230	890			1,700	
30	40,650	47,860	114,190	0	0	269,930	

3 下図のようにデータを入力します。

	D	E	F	G	H	I	J
		自治会収支表					
						(単位：円)	
	5月	**6月**	**7月**	**8月**	**9月**	**合計**	
	70,000	71,500	72,500	72,000	70,000	**426,000**	
	0	9,000	6,000	0	3,000	**21,000**	
	30,000	0	20,000	10,000	0	**60,000**	
	0	0	0	0	0	**46,000**	
	100,000	80,500	98,500	82,000	73,000	553,000	
	5月	**6月**	**7月**	**8月**	**9月**	**合計**	
	24,500	18,600	39,500	26,500	34,400	**178,500**	
	2,500	3,450	2,350	1,500	5,700	**21,300**	
	1,350	980	3,450	2,300	6,890	**15,820**	
	12,300	24,600	68,000	18,600	82,300	**230,800**	
	0	230	890	0	400	**2,100**	
	40,650	47,860	114,190	48,900	129,690	269,930	

STEP 自動的に拡張されなかった数式を拡張する

1 セル I16 をダブルクリックします。

	5月	6月	7月	8月	9月	合計
	24,500	18,600	39,500	26,500	34,400	**178,500**
	2,500	3,450	2,350	1,500	5,700	**21,300**
	1,350	980	3,450	2,300	6,890	**15,820**
	12,300	24,600	68,000	18,600	82,300	**230,800**
	0	230	890	0	400	**2,100**
	40,650	47,860	114,190	48,900	129,690	⊹ **269,930**

→ 数式を編集できる状態になります。

2 参照範囲を表す枠線の右下にマウスポインターを合わせてセル H16 までドラッグします。

	12,300	24,600	68,000	18,600	82,300	**230,800**
	0	230	890	0	400	**2,100**
	40,650	47,860	114,190	48,900	129,690	=SUM(C16:F16)

SUM(数値1, [数値2], …)

→ 数式の参照範囲が拡張されます。

	12,300	24,600	68,000	18,600	82,300	**230,800**	
580	0	230	890	0	400	**2,100**	
30	40,650	47,860	114,190	48,900	129,690	=SUM(C16:H16)	
						SUM(数値1, [数値2], ...)	

3 Enter キーを押して数式を確定します。

	D	E	F	G	H	I	J
000	0	0	0	0	0	**46,000**	
00	100,000	80,500	98,500	82,000	73,000	**553,000**	
	5月	6月	7月	8月	9月	合計	
000	24,500	18,600	39,500	26,500	34,400	**178,500**	
300	2,500	3,450	2,350	1,500	5,700	**21,300**	
350	1,350	980	3,450	2,300	6,890	**15,820**	
000	12,300	24,600	68,000	18,600	82,300	**230,800**	
580	0	230	890	0	400	**2,100**	
30	40,650	47,860	114,190	48,900	129,690	**448,520**	

今回、セル I8 には縦方向のセルの合計値を求める数式（P.62）が、セル I16 には横方向のセルの合計値を求める数式（P.64）が入力されています。
このように同じ"合計"でも、どちらの方向のセルを参照しているかで数式の修正に違いが発生することもあるため注意が必要です。

3

表の体裁を整える

4 ブック「自治会収支表」を上書き保存して、閉じます。

OnePoint　行や列を一時的に非表示にするには

行や列を削除することなく、一時的に非表示にすることもできます。たとえば、後で使うが今は不要という行や列、数式で参照しているが表示の必要はない行や列などは、削除ではなく非表示のほうが適しています。

行や列を非表示にするには、対象の行や列を選択した後、右クリックしてショートカットメニューから［非表示］をクリックします。

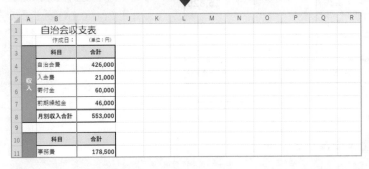

非表示にした行や列を再表示するには、下図のように非表示になっている行や列を挟むようにして選択した後、右クリックしてショートカットメニューから［再表示］をクリックします。

学習の
まとめ | **CHAPTER 3 章末練習問題**

【章末練習問題 1】フリーマーケット販売管理表

📁 スクール基礎_Excel 2019 ▶ 📁 CHAPTER3 ▶ 📁 章末練習問題 ▶ E 「Chap3_ フリーマーケット販売管理表」

---

1 ブック「Chap3_ フリーマーケット販売管理表」を開きましょう。

※ CHAPTER2 の章末練習問題で作成したブックを使用してもかまいません。

2 列の幅を以下のように設定しましょう。

- A 列 …… 7.00 前後
- B 列 …… 自動調整
- C ～ H 列 …… 10.00 前後
- I ～ J 列 …… 12.00 前後
  (アイ)

3 セルの書式を以下のように設定しましょう。

- セル A1 …… フォント "HGS 創英角ポップ体 "、フォントサイズ "16pt"、フォントの色 " オレンジ、
  アクセント 2"
- セル A3 ～ B3、セル J3 …… フォントサイズ "10pt"
- セル C18 ～ J18 …… 太字
- セル B3 …… 日付スタイル " 長い日付形式 " を適用
- セル C5 ～ J11 とセル C13 ～ J18 …… 桁区切りスタイル（カンマ）を適用

4 セルの配置と文字の方向を以下のように設定しましょう。

- セル A1 ～ J1 … セルを結合して中央揃え
- セル A4 ～ A11 … セルを結合して中央揃え、縦書き
- セル A12 ～ A17 … セルを結合して中央揃え、縦書き
- セル A18 ～ B18 … セルを結合して中央揃え
- セル B3 … 左揃え
- セル J3 … 右揃え
- セル B4 ～ J4、セル B12 ～ J12 … 中央揃え

5 罫線と塗りつぶしの色を以下のように設定しましょう。

- セル A4 ～ J18 …… 罫線 " 格子 " と " 太い外枠 "
- セル A11 ～ J11、A17 ～ J17 …… 罫線 " 下太罫線 "
- セル B10 ～ J10、B16 ～ J16 …… 罫線 " 下二重罫線 "
- セル A4 ～ A11、B4 ～ J4 …… 塗りつぶしの色 " 青、アクセント 1、白 + 基本色 80%"
- セル A12 ～ A17、B12 ～ J12 …… 塗りつぶしの色 " オレンジ、アクセント 2、白 + 基本色 80%"
- セル A18 ～ B18 …… 塗りつぶしの色 " ゴールド、アクセント 4、白 + 基本色 40%"

6 15行目と16行目の間に行を1行挿入し、下図を参考にデータを入力しましょう。
- セルI16には、セルI15の数式をコピーします。

	費目	1月	2月	3月	4月	5月	6月	費目別合計	費目別平均
	参加費	2,000	1,500	2,000	1,000	1,500	3,000	11,000	1,833
	梱包資材	580	0	1,160	0	0	580	2,320	387
経費	値札	360	0	360	0	360	0	1,080	180
	交通費	1,800	2,100	4,200	1,800	2,100	850	12,850	2,142
	その他	0	840	680	980	750	680	3,930	655
	月別経費合計	4,740	4,440	8,400	3,780	4,710	5,110	31,180	5,197
	利益	7,220	8,010	-4,270	5,110	3,630	8,260	27,960	4,660

7 H列とI列の間に列を2列挿入し、完成例を参考にデータを入力しましょう。
- セルI4、J4とセルI12、J12の「7月」「8月」の入力は、オートフィル機能（連続データの入力）を利用します。
- セルI11とJ11にはH11の数式をコピーします。
- セルI18、J18にはH18の数式をコピーします。
- セルI19、J19にはH19の数式をコピーします。
- セルL11の数式の参照範囲を"C11:J11"に、セルL18の数式の参照範囲を"C18:J18"に、セルL19の数式の参照範囲を"C19:J19"にそれぞれ修正します（表の構造によっては、挿入した行や列のセルが数式の参照範囲に自動的に含まれないケースがあります）。

8 ブックを上書き保存して閉じましょう。

＜完成例＞

	商品分類	1月	2月	3月	4月	5月	6月	7月	8月	分類別合計	分類別平均
						フリーマーケット販売管理表					
	作成日：	2020年6月30日									(単位：円)
	商品分類	1月	2月	3月	4月	5月	6月	7月	8月	分類別合計	分類別平均
	衣類	3,400	5,600	1,300	2,800	5,900	3,200	4,000	9,000	35,200	4,400
	電化製品	7,500	2,300	0	0	0	6,700	2,500	0	19,000	2,375
売上	家具・寝具	0	3,400	2,600	4,500	0	2,300	3,000	2,000	17,800	2,225
	書籍	300	450	0	520	1,300	400	800	0	3,770	471
	食品	460	700	230	620	450	770	500	1,200	4,930	616
	その他	300	0	0	450	690	0	600	900	2,940	368
	月別売上合計	11,960	12,450	4,130	8,890	8,340	13,370	11,400	13,100	83,640	10,455
	費目	1月	2月	3月	4月	5月	6月	7月	8月	費目別合計	費目別平均
	参加費	2,000	1,500	2,000	1,000	1,500	3,000	1,000	2,000	14,000	1,750
	梱包資材	580	0	1,160	0	0	580	600	1,500	4,420	553
経費	値札	360	0	360	0	360	0	360	0	1,440	180
	交通費	1,800	2,100	4,200	1,800	2,100	850	2,500	1,800	17,150	2,144
	その他	0	840	680	980	750	680	800	1,250	5,980	748
	月別経費合計	4,740	4,440	8,400	3,780	4,710	5,110	5,260	6,550	42,990	5,374
	利益	7,220	8,010	-4,270	5,110	3,630	8,260	6,140	6,550	40,650	5,081

【章末練習問題 2】お土産品販売実績

📁 スクール基礎_Excel 2019 ▶ 📁 CHAPTER3 ▶ 📁 章末練習問題 ▶ E 「Chap3_お土産品販売実績」

1 ブック「Chap3_お土産品販売実績」を開きましょう。

※ CHAPTER2 の章末練習問題で作成したブックを使用してもかまいません。

2 表の列の幅と行の高さを以下のように設定しましょう。

- A 列 …… 15.00 前後　　E ～ F 列 …… 16.00 前後
- B 列 …… 22.00 前後　　G 列 …… 13.00 前後
- C 列 …… 10.00 前後　　3 行目～ 15 行目 …… 27.00 前後
- D 列 …… 13.00 前後　　16 行目 …… 36.00 前後

3 セルの書式を以下のように設定しましょう。

- セル A1 、A3 ～ B16、C3 ～ G3 …… フォント "HG 正楷書体 -PRO"
- セル A1 …… フォントサイズ "20pt"
- セル C4 ～ C14、E4 ～ F16 …… 通貨表示形式（¥）　※ P.130 OnePoint 参照
- セル D4 ～ D16 …… 桁区切りスタイル（カンマ）
- セル G4 ～ G16 …… パーセントスタイル（%）　※ P.130 OnePoint 参照

4 セルの配置を以下のように設定しましょう。

- セル F1 ～ G1 …… セルを結合後、右揃え
- セル A3 ～ G3 …… 中央揃え
- セル A4 ～ A7、A8 ～ A11、A12 ～ A15 …… セルを結合して中央揃え
- セル B7 ～ C7、B11 ～ C11、B15 ～ C15、A16 ～ C16 …… セルを結合して中央揃え

5 表に罫線と塗りつぶしを設定しましょう。

- セル A3 ～ G16 …… 罫線 "格子" と "太い外枠"
- セル A3 ～ G3、A7 ～ G7、A11 ～ G11、A15 ～ G15 …… 罫線 "下太罫線"
- セル B6 ～ G6、B10 ～ G10、B14 ～ G14 …… 罫線 "下二重罫線"
- セル A3 ～ G3 の塗りつぶしの色 …… "緑、アクセント 6、白 + 基本色 60%"
- セル A4 ～ A15 の塗りつぶしの色 …… "ゴールド、アクセント 4、白 + 基本色 80%"
- セル B7 ～ G7 と B11 ～ G11 と B15 ～ G15 の塗りつぶしの色 …… "白、背景 1、黒 + 基本色 15%"

6 4行目と5行目の間に行を1行挿入し、完成例を参考にデータを入力しましょう。
- セルE5には、セルE4の数式をコピーします。
- セルG5には、セルG4の数式をコピーします。

7 ブックを上書き保存して閉じましょう。

＜完成例＞

	A	B	C	D	E	F	G
1	4月度お土産品販売実績					集計期間：4/1～4/30	
2							
3	販売所	商品名	単価	販売数	売上金額	売上目標	達成率
4	本店	梅ようかん	¥950	125	¥118,750	¥100,000	119%
5		抹茶ケーキ	¥890	187	¥166,430	¥150,000	111%
6		あられ詰め合わせ	¥1,240	242	¥300,080	¥280,000	107%
7		和風ドーナツ	¥680	96	¥65,280	¥70,000	93%
8		小計		650	¥650,540	¥600,000	108%
9	駅売店	梅ようかん	¥950	211	¥200,450	¥200,000	100%
10		あられ詰め合わせ	¥1,240	195	¥241,800	¥250,000	97%
11		和風ドーナツ	¥680	167	¥113,560	¥90,000	126%
12		小計		573	¥555,810	¥540,000	103%
13	産業館売店	梅ようかん	¥950	68	¥64,600	¥70,000	92%
14		あられ詰め合わせ	¥1,240	85	¥105,400	¥100,000	105%
15		和風ドーナツ	¥680	75	¥51,000	¥60,000	85%
16		小計		228	¥221,000	¥230,000	96%
17		全店合計		1,451	¥1,427,350	¥1,370,000	104%
18							

効率よくデータを
入力・編集する

ここでは、セルからはみ出てしまったデータの収め方や、移動や
コピーの機能を使った効率のよいデータ入力の方法などを学習し
ます。他にもデータを一度に置き換える機能や、表の見出しがス
クロールで隠れてしまわないように固定する機能、ユーザー間で
の連絡事項や自分の覚え書きを残しておきたいときに役立つ機能
など、データの入力や編集に役立つ便利な機能を学習します。

4-1 文字列をセルに収める

文字列の長さに合わせてセル幅（列幅）を調整する操作をCHAPTER3で学習しましたが、反対にセル幅に文字列を合わせないといけないこともあります。ここではそのような場合に効率よく対応できる操作を学習します。

LESSON 1 | 自動的に文字を縮小してセルに収める

幅が決まっているセルに長い文字列を入力する場合、自動的に文字を縮小してセルに収める設定をすることで、セルから文字列がはみ出すのを防ぐことができます。
文字列を修正しても、文字数の変化に対応して文字が最適なサイズに調整されます。

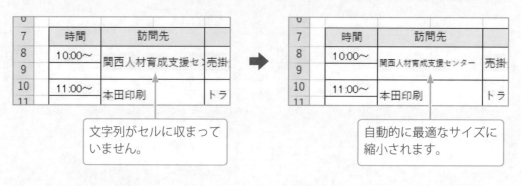

文字列がセルに収まっていません。

自動的に最適なサイズに縮小されます。

STEP ▶ セルC8 ～D17 の文字を縮小してセルに収める

1 ブック「**Chap4_ 業務日報**」を開きます。

> 📁 スクール基礎 _Excel 2019 ▶ 📁 CHAPTER4 ▶ 🇪 「Chap4_業務日報」

実習用データはインターネットからダウンロードできます。詳細は本書のP.（4）に記載されています。

2 セル C8 ～ D17 を範囲選択します。

3 ［ホーム］タブの［配置］グループの［配置の設定］をクリックします。

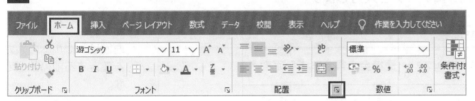

→ ［セルの書式設定］ダイアログボックスの［配置］タブが表示されます。

4 ［文字の制御］の［縮小して全体を表示する］チェックボックスをオンにします。

5 ［OK］をクリックします。

→ 文字を縮小してセルに収めることができました。

文字が縮小されてセルに収まっています。

もともと収まっていた文字列には変化はありません。

まだデータが入力されていないセルにも設定は有効です。この後データを入力すると効果が確認できます。

6 下図のようにセル C12 にデータを入力します。

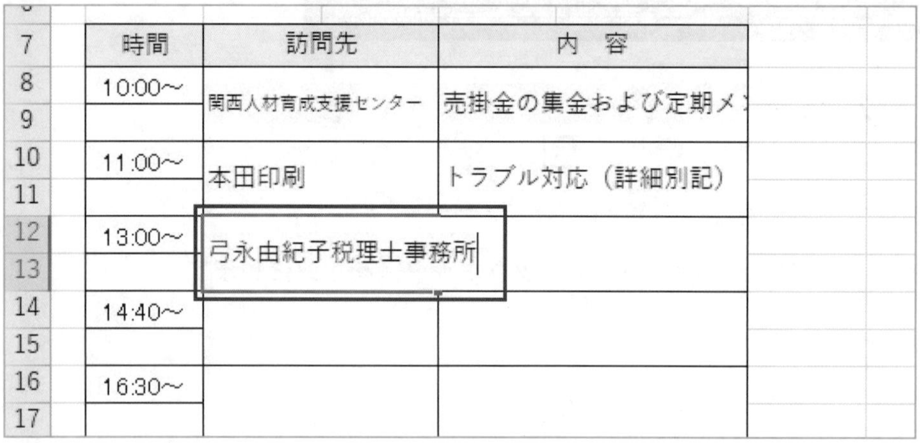

左図は、セルへの入力を確定する前の状態です。
この時点ではまだ文字は縮小されず、セルからはみ出しています。

7 Enter キーを押してセルへの入力を確定します。

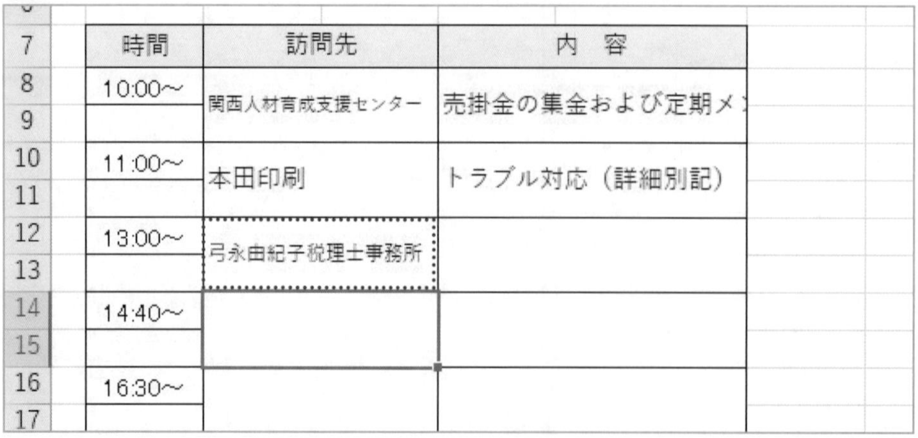

→ セルに収まるように文字が縮小されます。

8 下図のように他のセルにもデータを入力します。

	A	B	C	D	E	F	G
1				業務日報			
2		2020年					
3		6	月	9	日	火曜日	
5		所属：	営業サポート課		氏名：		
7		時間	訪問先		内　容		
8		10:00〜	関西人材育成支援センター		売掛金の集金および定期メ		
10		11:00〜	本田印刷		トラブル対応（詳細別記）		
12		13:00〜	弓永由紀子税理士事務所				
14		14:40〜	生涯学習センター				
16		16:30〜	倉沢経営コンサルティング				
19			特記事項				

長い文字列のフォントサイズは縮小され、短い文字列はそのままのフォントサイズであることが分かります。

OnePoint "縮小して全体を表示する"設定を解除するには

"縮小して全体を表示する"設定を解除するには、対象のセルを選択してから、[セルの書式設定]ダイアログボックスの[配置]タブを表示し、[縮小して全体を表示]チェックボックスをオフにします。

LESSON 2 | 文字列を折り返してセルに収める

LESSON1 では文字を縮小してセルに収める方法を学習しましたが、フォントサイズを変更したくない場合やセルの高さに十分な余裕がある場合などは、文字列を折り返して（改行して）セルに収めることもできます。手動で改行するのではなくセルの右端で自動的に折り返されます。

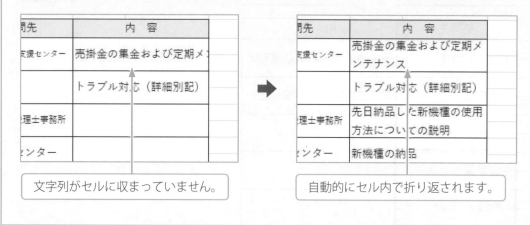

文字列がセルに収まっていません。

自動的にセル内で折り返されます。

STEP セルE8 〜F17 の文字を折り返してセルに収める

1 セル E8 〜 F17 を範囲選択します。

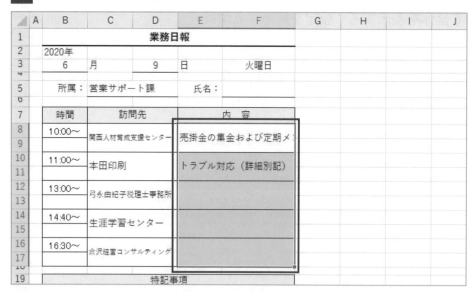

2 ［ホーム］タブの［折り返して全体を表示する］ボタンをクリックします。

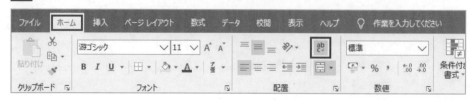

→ 文字を折り返してセルに収めることができました。

	時間	訪問先	内　容
	業務日報		
2020年			
6	月	9	日　　火曜日
所属：	営業サポート課	氏名：	
10:00〜	関西人材育成支援センター	売掛金の集金および定期メンテナンス	
11:00〜	本田印刷	トラブル対応（詳細別記）	
13:00〜	弓永由紀子税理士事務所		
14:40〜	生涯学習センター		
16:30〜	倉沢経営コンサルティング		
	特記事項		

まだデータが入力されていないセルにも設定は有効です。この後データを入力すると効果が確認できます。

3 下図のように他のセルにもデータを入力します。

時間	訪問先	内　容
10:00〜	関西人材育成支援センター	売掛金の集金および定期メンテナンス
11:00〜	本田印刷	トラブル対応（詳細別記）
13:00〜	弓永由紀子税理士事務所	先日納品した新機種の使用方法についての説明
14:40〜	生涯学習センター	新機種の納品
16:30〜	倉沢経営コンサルティング	定期メンテナンスおよび新機種展示会の案内
特記事項		

文字を入力していくと、セルの右端まで来た時点で自動的に折り返されていくことが確認できます。

OnePoint "折り返して全体を表示する"設定を解除したい場合

"折り返して全体を表示する"設定を解除するには、対象のセルを選択してから、再度[ホーム]タブの[折り返して全体を表示]ボタンをクリックします。

効率よくデータを入力・編集する

LESSON 3 セル内の任意の位置で改行する

改行に用いるキーと言えば一般に Enter キーが思い浮かびますが、Excel でデータの入力中に
Enter キーを押すと入力がそこで確定され、セル内で改行することはできません。
セル内の任意の位置で改行したいときは Alt + Enter キーを押す必要があります。

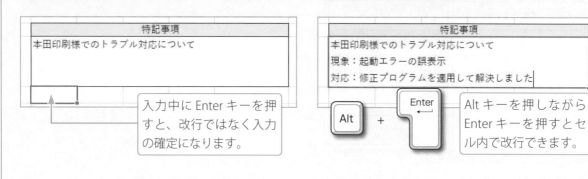

STEP セルB20 の任意の位置で改行してデータを入力する

1 セル B20 をアクティブにします。

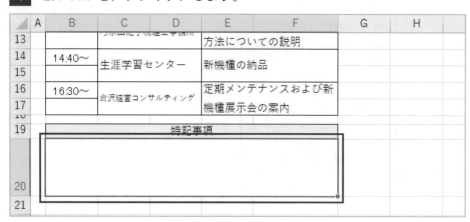

2 下図のようにデータを入力します。

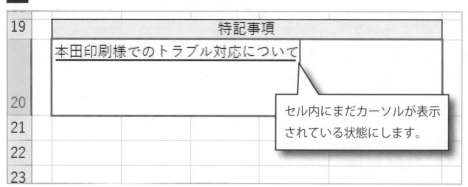

読みを入力→変換→変
換の確定まで行いま
す。入力の確定はまだ
行わないでください。

3 Alt + Enter キーを押します。

→ セル内で改行されます。

19	特記事項
20	本田印刷様でのトラブル対応について
21	

4 下図のように入力したら、再度 Alt + Enter キーで改行します。

19	特記事項
20	本田印刷様でのトラブル対応について 現象：起動エラーの誤表示
21	

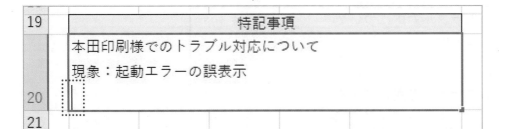

19	特記事項
20	本田印刷様でのトラブル対応について 現象：起動エラーの誤表示
21	

5 下図のように残りのデータを入力します。

19	特記事項
20	本田印刷様でのトラブル対応について 現象：起動エラーの誤表示 対応：修正プログラムを適用して解決しました
21	

効率よくデータを入力・編集する

4

6 Enter キーを押して、セルへの入力を確定します。

→ セル内の任意の位置で改行してデータを入力できました。

	A	B	C	D	E	F	G	H
13					方法についての説明			
14		14:40〜	生涯学習センター		新機種の納品			
15								
16		16:30〜	倉沢経営コンサルティング		定期メンテナンスおよび新			
17					機種展示会の案内			
19				特記事項				
20		本田印刷様でのトラブル対応について 現象：起動エラーの誤表示 対応：修正プログラムを適用して解決しました						
21								
22								
23								

7 ブック「Chap4_業務日報」を上書き保存して閉じます。

OnePoint　セル内の改行を削除するには

セル内の改行を削除するには、対象のセルをダブルクリックしてセル内にカーソルを表示し、削除したい改行の位置にカーソルを移動して、Backspace キーまたは Delete キーを押します。どちらのキーを押すかはカーソルの位置によって使い分けます。

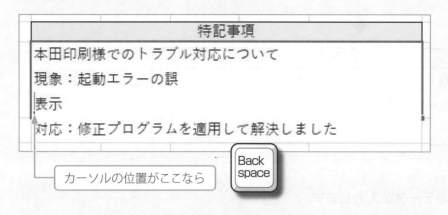

カーソルの位置がここなら　Back space

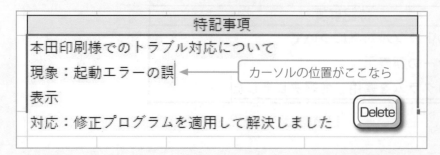

カーソルの位置がここなら　Delete

4-2　データを移動、コピーする

データの移動やコピーには、**クリップボード**という概念が利用されます。クリップボードと言えば"留め具のついた筆記板"が思い浮かびますが、パソコンでは移動やコピーをする際の一時的なデータの保管場所のことを指します。Excel で移動やコピーの操作を行う際も、選択したセルのデータをいったんクリップボードに保管するという考え方がポイントになります。

LESSON 1 ｜ データを移動する

データの移動は、対象のセルを選択して、**切り取り**という操作を行うことから始めます。切り取りをしたセルのデータはいったんクリップボードに保管されます。一時保管されたセルのデータをワークシート内の任意のセルに貼り付けて、移動の操作は完了です。

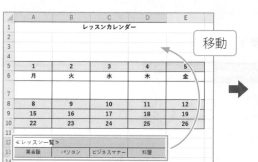

効率よくデータを入力・編集する

4

STEP セルA12 〜D13 のデータをセルA2 〜D3 に移動する

1 ブック「**Chap4_ レッスンカレンダー**」を開きます。

📁 スクール基礎_Excel 2019 ▶ 📁 CHAPTER4 ▶ 🇪 「Chap4_ レッスンカレンダー」

実習用データはインターネットからダウンロードできます。詳細は本書の P.（4）に記載されています。

2 セルA12～D13を範囲選択します。

	A	B	C	D	E	F
1			レッスンカレンダー			
2						
3						
4						
5	1	2	3	4	5	
6	月	火	水	木	金	
7						
8	8	9	10	11	12	
9	15	16	17	18	19	
10	22	23	24	25	26	
11						
12	≪レッスン一覧≫					
13	英会話	パソコン	ビジネスマナー	料理		
14						
15						

3 ［ホーム］タブの［切り取り］ボタンをクリックします。

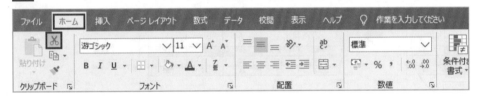

→ セルA12～D13の周囲に点線が表示されます。これは、このセルのデータがクリップボードに一時保管されたことを表しています。

2	≪レッスン一覧≫			
3	英会話	パソコン	ビジネスマナー	料理

4 移動先の基点（左上）となるセルA2を選択します。

	A	B	C	D	E	F
1			レッスンカレンダー			
2						
3						
4						
5	1	2	3	4	5	
6	月	火	水	木	金	
7						
8	8	9	10	11	12	
9	15	16	17	18	19	
10	22	23	24	25	26	

貼り付けの際は、基点となるセルを1つ選択するだけでかまいません。
切り取った分と同じ数のセルを選択する必要はありません。

5 ［ホーム］タブの［貼り付け］ボタンをクリックします。

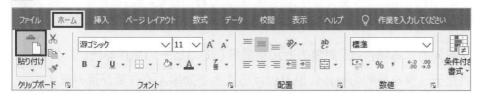

→ セル A12 〜 D13 のデータをセル A2 〜 D3 に移動できました。

	A	B	C	D	E	F
1	レッスンカレンダー					
2	≪レッスン一覧≫					
3	英会話	パソコン	ビジネスマナー	料理		
4						
5	1	2	3	4	5	
6	月	火	水	木	金	
7						
8	8	9	10	11	12	
9	15	16	17	18	19	
10	22	23	24	25	26	
11						

この時点でクリップ
ボードからデータが消
去されます（セル A12
〜 D13 を囲む点線が
消えます）。

4

効率よくデータを入力・編集する

LESSON 2 | データをコピーする

複数のセルに同じデータを入力する場合は、対象のセルを選択してコピーの操作を行い、クリップボードに一時保管されたデータを目的のセルに貼り付けることで効率よく作業が進みます。

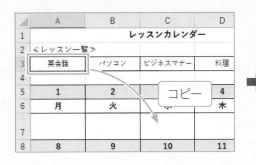

STEP セルA3 のデータをセルC7 にコピーする

1 セル A3 をアクティブにします。

	A	B	C	D	E	F
1	レッスンカレンダー					
2	≪レッスン一覧≫					
3	英会話	パソコン	ビジネスマナー	料理		
4						
5	1	2	3	4	5	
6	月	火	水	木	金	
7						
8	8	9	10	11	12	
9	15	16	17	18	19	
10	22	23	24	25	26	
11						
12						

2 ［ホーム］タブの［コピー］ボタンをクリックします。

→ 切り取りのときと同様に、クリップボードに一時保管されたことを表す点線が表示されます。

3 セル C7 を選択します。

	A	B	C	D	E	F
1			レッスンカレンダー			
2	≪レッスン一覧≫					
3	英会話	パソコン	ビジネスマナー	料理		
4						
5	1	2	3	4	5	
6	月	火	水	木	金	
7						
8	8	9	10	11	12	
9	15	16	17	18	19	

クリップボードにデータが一時保管されている状態で Delete キーを押すと、クリップボードからデータが消去されるので注意します。

4 ［ホーム］タブの［貼り付け］ボタンをクリックします。

→ セル A3 のデータをセル C7 にコピーできました。

	A	B	C	D	E	F
1			レッスンカレンダー			
2	≪レッスン一覧≫					
3	英会話	パソコン	ビジネスマナー	料理		
4						
5	1	2	3	4	5	
6	月	火	水	木	金	
7			英会話			
8	8	9	10	11	12	
9	15	16	17	18	19	

［貼り付け］を実行すると、貼り付けたセルの近くに［貼り付けのオプション］が表示されます。
この利用方法についてはこの CHAPTER の LESSON3 で学習します。

5 下図のように他のデータもコピーして表を完成させます。

	A	B	C	D	E	F
1			レッスンカレンダー			
2	≪レッスン一覧≫					
3	英会話	パソコン	ビジネスマナー	料理		
4						
5	1	2	3	4	5	
6	月	火	水	木	金	
7	パソコン	料理	英会話		ビジネスマナー	
8	8	9	10	11	12	
9	15	16	17	18	19	

4

効率よくデータを入力・編集する

⏺ OnePoint　Enter キーを使った "貼り付け"

Excel では、クリップボードに一時保管したデータを、[貼り付け] ボタンの代わりに Enter キーを押して貼り付けることもできます。ただし、Enter キーを使った "貼り付け" は、Excel だけの仕様であること（ほかのアプリでは同様の操作ができないこと）と、"コピー" の操作の際は [貼り付け] ボタンを使ったときと比べて以下の制限があることを理解したうえで行うようにしましょう。

・[貼り付けのオプション] が利用できない。

・一度貼り付けるとクリップボードから消去され、連続して貼り付けることができない。

⏺ OnePoint　コピー元のセルに残る点線を消すには

データをコピーした際に表示される点線は、このセルのデータがクリップボードに一時保管されていることを表しています。そのため、この点線が表示されているうちは何度でも同じデータを貼り付けることができます。

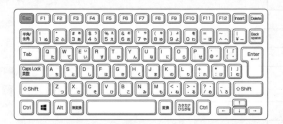

セルへの貼り付け作業がすべて終わったら、キーボードの Esc キーを押して、点線を消しておくとよいでしょう。

なお、"切り取り" の操作の際は、"貼り付け" を実行するとクリップボードのデータが自動的に消去されますので Esc キーを押す必要はありません。

1　6行目の行番号から7行目の行番号までをドラッグして、行単位で選択します。

	A	B	C	D	E	F
1			レッスンカレンダー			
2	≪レッスン一覧≫					
3	英会話	パソコン	ビジネスマナー	料理		
4						
5	1	2	3	4	5	
6	月	火	水	木	金	
7	パソコン	料理	英会話		ビジネスマナー	
8	8	9	10	11	12	
9	15	16	17	18	19	
10	22	23	24	25	26	
11						
12						

2　［ホーム］タブの［コピー］ボタンをクリックします。

→　選択した6行目～7行目の周囲に点線が表示されます。

3　セルA11を選択します。

	A	B	C	D	E	F
1			レッスンカレンダー			
2	≪レッスン一覧≫					
3	英会話	パソコン	ビジネスマナー	料理		
4						
5	1	2	3	4	5	
6	月	火	水	木	金	
7	パソコン	料理	英会話		ビジネスマナー	
8	8	9	10	11	12	
9	15	16	17	18	19	
10	22	23	24	25	26	
11						
12						

4　［ホーム］タブの［貼り付け］ボタンをクリックします。

→ 6行目～7行目のデータを 11 行目～ 12 行目に貼り付けることができました。

	A	B	C	D	E	F
1			レッスンカレンダー			
2	《レッスン一覧》					
3	英会話	パソコン	ビジネスマナー	料理		
4						
5	1	2	3	4	5	
6	月	火	水	木	金	
7	パソコン	料理	英会話		ビジネスマナー	
8	8	9	10	11	12	
9	15	16	17	18	19	
10	22	23	24	25	26	
11	月	火	水	木	金	
12	パソコン	料理	英会話		ビジネスマナー	
13	(Ctrl) ▾					
14						

11 行目と 12 行目の高さは、それぞれ 6 行目と 7 行目と同じ高さに変わります。
行単位で選択しなかった場合（セル範囲を選択した場合）は、行の高さが引き継がれません。

⏎OnePoint 元の列幅を引き継いで貼り付ける方法

列の幅も、列単位で選択してコピーすることによって、元の列幅を引き継いで貼り付けることができます。また列の場合は貼り付け後に表示される［貼り付けのオプション］から［元の幅］をクリックして列の幅を引き継ぐことも可能です。

	G	H	I	J	K	L	M
	1	2	3	4	5		
	月	火	水	木	金		
	パソコン	料理	英会話		ビジネスマナー		
	8	9	10	11	12		
	月	火	水	木	金		
	パソコン	料理	英会話		ビジネスマナー		
	15	16	17	18	19		
	月	火	水	木	金		
	パソコン	料理	英会話		ビジネスマナー		
	22	23	24	25	26		
	月	火	水	木	金		
	パソコン	料理	英会話		ビジネスマナー		

貼り付け
値の貼り付け
元の列幅を保持 (W)
その他の貼り付けオプション
(Ctrl) ▾

STEP 6行目〜7行目を行単位でコピーして8行目と9行目の間に挿入する

1 6行目〜7行目までを行単位で選択します。

	A	B	C	D	E	F
1			レッスンカレンダー			
2	≪レッスン一覧≫					
3	英会話	パソコン	ビジネスマナー	料理		
4						
5	1	2	3	4	5	
6	月	火	水	木	金	
7	パソコン	料理	英会話		ビジネスマナー	
8	8	9	10	11	12	
9	15	16	17	18	19	
10	22	23	24	25	26	
11	月	火	水	木	金	
12	パソコン	料理	英会話		ビジネスマナー	
13						

2 ［ホーム］タブの［コピー］ボタンをクリックします。

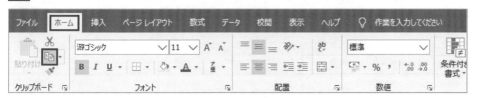

→ 選択した6行目〜7行目の周囲に点線が表示されます。

3 9行目の行番号にマウスポインターを合わせて右クリックします。

効率よくデータを入力・編集する

4

4 ［コピーしたセルの挿入］をクリックします。

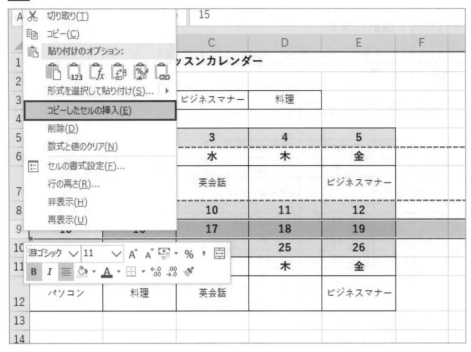

→ 6行目〜7行目を行単位でコピーして、8行目と9行目の間に挿入できました。

	A	B	C	D	E	F
1			レッスンカレンダー			
2	《レッスン一覧》					
3	英会話	パソコン	ビジネスマナー	料理		
4						
5	1	2	3	4	5	
6	月	火	水	木	金	
7	パソコン	料理	英会話		ビジネスマナー	
8	8	9	10	11	12	
9	月	火	水	木	金	
10	パソコン	料理	英会話		ビジネスマナー	
11	15	16	17	18	19	
12	22	23	24	25	26	
13	月	火	水	木	金	
14	パソコン	料理	英会話		ビジネスマナー	
15						

5 同様の方法で、9 行目〜 10 行目をコピーして 11 行目と 12 行目の間に挿入します。

	A	B	C	D	E	F
1			レッスンカレンダー			
2	《レッスン一覧》					
3	英会話	パソコン	ビジネスマナー	料理		
4						
5	1	2	3	4	5	
6	月	火	水	木	金	
7	パソコン	料理	英会話		ビジネスマナー	
8	8	9	10	11	12	
9	月	火	水	木	金	
10	パソコン	料理	英会話		ビジネスマナー	
11	15	16	17	18	19	
12	月	火	水	木	金	
13	パソコン	料理	英会話		ビジネスマナー	
14	22	23	24	25	26	
15	月	火	水	木	金	
16	パソコン	料理	英会話		ビジネスマナー	

Sheet1　⊕

通常のコピーは同じ内容であれば連続して貼り付けていくことができますが、"コピーしたセルの挿入" は連続で行うことができません。挿入のたびにコピーの操作が必要です。

6 ブック「Chap4_レッスンカレンダー」を上書き保存して閉じます。

4

効率よくデータを入力・編集する

OnePoint クリップボードに複数のデータを保管するには

複数のデータをクリップボードに保管したい場合は、コピーの操作前に［ホーム］タブの［クリップボード］ボタンをクリックして、画面上にクリップボードを表示しておきます。
この状態でコピーを実行するとクリップボード内に複数のデータを保管でき、それらをクリックすれば、選択しているセルに貼り付けることができます。

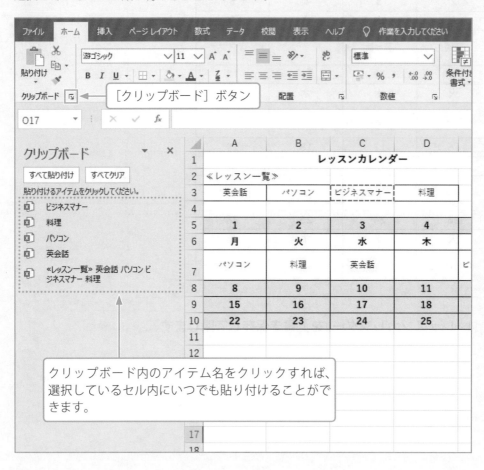

OnePoint　ドラッグ操作でデータを移動・コピーするには

レッスンでは［切り取り］、［コピー］、［貼り付け］ボタンを使って、データを移動・コピーしましたが、移動・コピー先までの距離が短い場合などは、ドラッグ操作で移動・コピーをすることもできます。

ドラッグ操作によるデータの移動

■1 移動したいデータがあるセルを範囲選択します。
■2 選択したセル範囲の枠にマウスポインターを合わせます。
■3 移動したい位置までドラッグします。

ドラッグ操作によるデータのコピー

■1 コピーしたいデータがあるセルを範囲選択します。
■2 選択したセル範囲の枠にマウスポインターを合わせます。
■3 コピーしたい位置まで Ctrl キーを押しながらドラッグします。
■4 ドラッグを終了してから Ctrl キーを離します。

また、このドラッグによる移動の操作を Shift キーを押しながら行うと、移動先に新しいセルが挿入され、既存のセルを上書きすることなく、データを移動できます（さらに、Ctrl キーも組み合わせると新しいセルにコピーすることができます）。

LESSON 3 | 貼り付け後の書式を調整する

セルをコピーして別のセルへ貼り付けると、コピー元の書式がそのまま貼り付けられ、貼り付け先の書式を消してしまいます。これは、コピーのときにセル内の書式も含むすべての情報がクリップボードに保管され、それらがそのまま貼り付けられるからです。書式のコピーが不要な場合は、貼り付けのオプションを利用して貼り付けの形式を切り替えます。

たとえば、値という形式に切り替えると、書式が取り除かれ"値（データ）"だけが貼り付けられるため、貼り付け先にもともと設定されていた書式を残すことができます。

貼り付けのオプションの主な形式

貼り付けの形式	効　果	コピー元の書式	貼り付け先の書式
貼り付け	標準の貼り付け形式です。コピー元の書式がそのまま保持されます。また、数式も保持されたまま貼り付けられます。	保持	書き換え
値	コピー元の書式はすべて破棄され、値（データ）だけが貼り付けられます。また、数式も結果だけが貼り付けられ、再計算などの働きはなくなります。	破棄	保持

STEP セルG5 ～H5 の値だけ（書式なし）をセルB4 ～C4 にコピーする

1 ブック「Chap4_ スポーツショップ売上表」を開きます。

📁 スクール基礎 _Excel 2019 ▶ 📁 CHAPTER4 ▶ E 「Chap4_ スポーツショップ売上表」

実習用データはインターネットからダウンロードできます。詳細は本書の P.（4）に記載されています。

	A	B	C	D	E	F	G	H	I
1	スポーツショップ売上表								
2							ボール類価格表		
3	サッカー	商品名	単価	数量	金額		商品名	単価	
4				36	¥0		テニスボール	550	
5		スパイクシューズ	7,700	24			サッカーボール	2500	
6		トレーニングウェア	4,600	32			軟式野球ボール	450	
7		キーパーグローブ	8,500	10					
9	野球	商品名	単価	数量	金額				
10				150	0				
11		グラブ	6300	22					
12		木製バット	4100	18					
13		ヘルメット	3900	13					
15	テニ	商品名	単価	数量	金額				
16				180	0				
17		ラケット	9900	28					
18		シューズ	5900	26					
19		キャップ	2100	33					
20									

2 セル G5 ～ H5 を範囲選択します。

▲	A	B	C	D	E	F	G	H	I
1	スポーツショップ売上表								
2							ボール類価格表		
3	サッカー	商品名	単価	数量	金額		商品名	単価	
4				36	¥0		テニスボール	550	
5		スパイクシューズ	7,700	24			サッカーボール	2500	
6		トレーニングウェア	4,600	32			軟式野球ボール	450	
7		キーパーグローブ	8,500	10					

3 ［ホーム］タブの［コピー］ボタンをクリックします。

ファイル　ホーム　挿入　ページ レイアウト　数式　データ　校閲　表示　ヘルプ　♀ 作業を入力してください

游ゴシック　11　A^ A^　標準　条件付き書式
B I U ・ 田・ あ・A・ 傘　％ ，ゴ ゴ
クリップボード　フォント　配置　数値

4 セル B4 をクリックして選択します。

▲	A	B	C	D	E	F	G	H	I
1	スポーツショップ売上表								
2							ボール類価格表		
3	サッカー	商品名	単価	数量	金額		商品名	単価	
4				36	¥0		テニスボール	550	
5		スパイクシューズ	7,700	24			サッカーボール	2500	
6		トレーニングウェア	4,600	32			軟式野球ボール	450	
7		キーパーグローブ	8,500	10					

5 ［ホーム］タブの［貼り付け］ボタンをクリックします。

ファイル　ホーム　挿入　ページ レイアウト　数式　データ　校閲　表示　ヘルプ　♀ 作業を入力してください

貼り付け　游ゴシック　11　A^ A^　標準　条件付き書式
B I U ・ 田・ あ・A・ 傘　％ ，ゴ ゴ
クリップボード　フォント　配置　数値

→ この時点では、セル B4 ～ C4 の書式（セルの塗りつぶしと罫線）が変更されてしまいます。

6 ［貼り付けのオプション］をクリックします。

▲	A	B	C	D	E	F	G	H	I
1	スポーツショップ売上表								
2							ボール類価格表		
3	サッカー	商品名	単価	数量	金額		商品名	単価	
4		サッカーボール	2500	36	¥90,000		テニスボール	550	
5		スパイクシューズ	7,700	(Ctrl)・			サッカーボール	2500	
6		トレーニングウェア	4,600	貼り付けのオプション (Ctrl キー)			軟式野球ボール	450	
7		キーパーグローブ	8,500	10					

→ 貼り付けの形式の一覧が表示されます。

💬 ［貼り付けのオプション］は、貼り付けの直後に使用します。他の操作を行うと消えてしまいます。

4

効率よくデータを入力・編集する

7 一覧から［値の貼り付け］の［値］をクリックします。

	A	B	C	D	E	F	G	H	I
1	スポーツショップ売上表								
2							ボール類価格表		
3	サッカー	商品名	単価	数量	金額		商品名	単価	
4		サッカーボール	2500	36	¥90,000		テニスボール	550	
5		スパイクシューズ	7,700				サッカーボール	2500	
6		トレーニングウェア	4,600				軟式野球ボール	450	
7		キーパーグローブ	8,500						
9	野球	商品名	単価						
10									
11		グラブ	6300						
12		木製バット	4100						
13		ヘルメット	3900						

→ セル G5 ～ H5 の値だけ（書式なし）をセル B4 ～ C4 にコピーできました。

値の形式を使うと、書式を除いたデータだけが貼り付けられます。

	A	B	C	D	E	F	G	H	I
1	スポーツショップ売上表								
2							ボール類価格表		
3	サッカー	商品名	単価	数量	金額		商品名	単価	
4		サッカーボール	2,500	36	¥90,000		テニスボール	550	
5		スパイクシューズ	7,700				サッカーボール	2500	
6		トレーニングウェア	4,600	32			軟式野球ボール	450	
7		キーパーグローブ	8,500	10					

8 同様の方法で、"軟式野球ボール"と"テニスボール"の値だけをコピーします。

	A	B	C	D	E	F	G	H	I
1	スポーツショップ売上表								
2							ボール類価格表		
3	サッカー	商品名	単価	数量	金額		商品名	単価	
4		サッカーボール	2,500	36	¥90,000		テニスボール	550	
5		スパイクシューズ	7,700	24			サッカーボール	2500	
6		トレーニングウェア	4,600	32			軟式野球ボール	450	
7		キーパーグローブ	8,500	10					
9	野球	商品名	単価	数量	金額				
10		軟式野球ボール	450	150	67500				
11		グラブ	6300	22					
12		木製バット	4100	18					
13		ヘルメット	3900	13					
15	テニ	商品名	単価	数量	金額				
16		テニスボール	550	180	99000				
17		ラケット	9900	28					
18		シューズ	5900	26					
19		キャップ	2100	33					

OnePoint 値ではなく数式を貼り付けるには

数式が入力されたセルをコピーして値の形式で貼り付けると、数式は削除され、計算結果である数値だけが貼り付けられます。数式自体を貼り付けたい場合は、貼り付けの形式の一覧から［数式］を選択します。

OnePoint ［切り取り］ボタンでは［貼り付けのオプション］が表示されない

移動（切り取り→貼り付け）の操作では［貼り付けのオプション］は表示されません。［貼り付けのオプション］を利用したい場合は、［切り取り］ボタンではなく、［コピー］ボタンを使用し、貼り付け後にコピー元のデータを消去して、移動と同じ結果にします。

OnePoint あらかじめ貼り付ける形式を指定するには

レッスンでは、いったん貼り付けた後で貼り付けの形式を切り替えましたが、貼り付ける前に［貼り付け］ボタンの下半分をクリックして貼り付けの形式を選ぶこともできます。選択できる項目はレッスンで使った［貼り付けのオプション］と同じです。

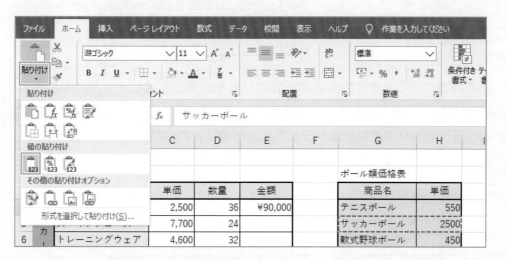

4

効率よくデータを入力・編集する

LESSON 4 | 書式をコピーして貼り付ける

LESSON3 では、書式を除いて値だけを貼り付けるケースを学習しましたが、次は［書式のコピー／貼り付け］機能を使用して、書式だけを貼り付ける操作を学習します。

1	スポーツショップ売上表			
2				
3		商品名	単価	数量	金額
4	サッカー	サッカーボール	2,500	36	¥90,000
5		スパイクシューズ	7,700	24	
6		トレーニングウェア	4,600	32	
7		キーパーグローブ	8,500	10	
9	野球 商品名		単価	数量	金額
10		軟式野球ボール	450	150	67500
11		グラブ	6300	22	
12		木製バット	4100	18	
13		ヘルメット	3900	13	
15	テニ 商品名		単価	数量	金額
16		テニスボール	550	180	99000
17		ラケット	9900	28	
18		シューズ	5900	26	
19		キャップ	2100	33	

→

1	スポーツショップ売上表			
2				
3		商品名	単価	数量	金額
4	サッカー	サッカーボール	2,500	36	¥90,000
5		スパイクシューズ	7,700	24	¥184,800
6		トレーニングウェア	4,600	32	¥147,200
7		キーパーグローブ	8,500	10	¥85,000
9		商品名	単価	数量	金額
10	野球	軟式野球ボール	450	150	¥67,500
11		グラブ	6,300	22	
12		木製バット	4,100	18	
13		ヘルメット	3,900	13	
15		商品名	単価	数量	金額
16	テニ	テニスボール	550	180	¥99,000
17	ス	ラケット	9,900	28	
18		シューズ	5,900	26	
19		キャップ	2,100	33	

この操作は、通常のコピーのときと少し手順が異なります。書式をコピーしたいセルを選んで［書式のコピー／貼り付け］ボタンをクリックすると、マウスポインターの形がブラシの形に変わります。このブラシでクリックまたはドラッグした位置に書式が貼り付けられます。

⊹🖌 商品名

STEP セルA3 ～E7 の書式をコピーしてセルA9 ～E13 に貼り付ける

1 セル A3 ～ E7 を範囲選択します。

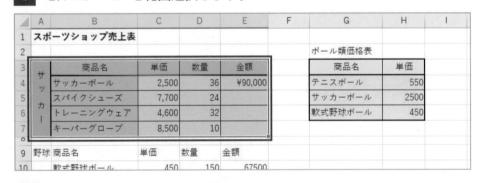

2 ［ホーム］タブの［書式のコピー／貼り付け］ボタンをクリックします。

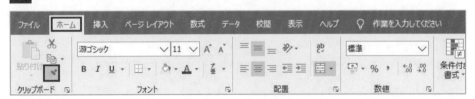

→ マウスポインターの形が ⊹🖌 に変わります。

3 貼り付け先の起点となるセル **A9** をクリックします。

	A	B	C	D	E	F	G	H	I
1	スポーツショップ売上表								
2							ボール類価格表		
3	サッカー	商品名	単価	数量	金額		商品名	単価	
4		サッカーボール	2,500	36	¥90,000		テニスボール	550	
5		スパイクシューズ	7,700	24			サッカーボール	2500	
6		トレーニングウェア	4,600	32			軟式野球ボール	450	
7		キーパーグローブ	8,500	10					
8									
9		商品名	単価	数量	金額				
10		軟式野球ボール	450	150	67500				
11		グラブ	6300	22					
12		木製バット	4100	18					
13		ヘルメット	3900	13					
14									

→ セル A3 〜 E7 の書式だけをコピーしてセル A9 〜 E13 に貼り付けました。

	A	B	C	D	E	F	G	H	I
1	スポーツショップ売上表								
2							ボール類価格表		
3	サッカー	商品名	単価	数量	金額		商品名	単価	
4		サッカーボール	2,500	36	¥90,000		テニスボール	550	
5		スパイクシューズ	7,700	24			サッカーボール	2500	
6		トレーニングウェア	4,600	32			軟式野球ボール	450	
7		キーパーグローブ	8,500	10					
8									
9	野球	商品名	単価	数量	金額				
10		軟式野球ボール	450	150	¥67,500				
11		グラブ	6,300	22					
12		木製バット	4,100	18					
13		ヘルメット	3,900	13					
14									

もともと入力されていたデータには変化がありません。

4 同様の方法で、" 野球用品 " の表の書式をコピーして " テニス用品 " の表に貼り付けます。

	A	B	C	D	E	F
9	野球	商品名	単価	数量	金額	
10		軟式野球ボール	450	150	¥67,500	
11		グラブ	6,300	22		
12		木製バット	4,100	18		
13		ヘルメット	3,900	13		
14						
15	テニス	商品名	単価	数量	金額	
16		テニスボール	550	180	¥99,000	
17		ラケット	9,900	28		
18		シューズ	5,900	26		
19		キャップ	2,100	33		
20						

🔄 **OnePoint**　連続して書式を貼り付けたいときは

[ホーム] タブの [書式のコピー / 貼り付け] ボタンをダブルクリックすると、同じ書式を連続して貼り付けていくことができます。

貼り付けの作業が終わったら、キーボードの Esc キーを押して、連続貼り付けのモードを解除します。

LESSON 5 | オートフィルでのコピー後に書式を調整する

数式のコピー時によく利用するオートフィルは、セルの書式を含めて数式やデータをコピーする仕組みになっています。そのため、オートフィルを使うと、コピー先のセルに不要な書式が貼り付けられてしまうことがあります。このようなときはオートフィルオプションを利用して書式を貼り付けないように設定できます。

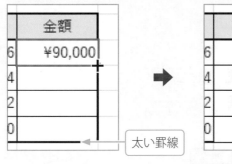

	金額
6	¥90,000
4	
2	
0	

太い罫線

➡

	金額
6	¥90,000
4	¥184,800
2	¥147,200
0	¥85,000

書式もコピーされ、細い罫線に

➡

	金額
6	¥90,000
4	¥184,800
2	¥147,200
0	¥85,000

STEP セルE4 の数式だけ（書式なし）をセルE7 までコピーする

1 セル E4 をアクティブにし、フィルハンドルにマウスポインターを合わせます。

2 フィルハンドルをセル E7 までドラッグします。

ボール類価格表

単価	数量	金額		商品名
2,500	36	¥90,000		テニスボール
7,700	24			サッカーボール
4,600	32			軟式野球ボール
8,500	10			

→ 数式だけでなく、書式もコピーされ、罫線の種類が変わってしまいます。

ボール類価格表

単価	数量	金額		商品名
2,500	36	¥90,000		テニスボール
7,700	24	¥184,800		サッカーボール
4,600	32	¥147,200		軟式野球ボール
8,500	10	¥85,000		
単価	数量	金額		

選択を解除すると、セル E7 の下辺の罫線が細くなったことがよく分かります。

3 ［オートフィルオプション］をクリックします。

4,600	32	¥147,200		軟式野球ボール
8,500	10	¥85,000		
単価	数量	金額		

4 ［書式なしコピー（フィル）］をクリックします。

金額	
¥67,500	

- ⊙　セルのコピー(C)
- ○　書式のみコピー (フィル)(F)
- ○　書式なしコピー (フィル)(O)
- ○　フラッシュ フィル(F)

→ セル E4 の数式だけ（書式なし）をセル E5 ～ E7 にコピーできました。

4,600	32	¥147,200		軟式野球ボール
8,500	10	¥85,000		
単価	数量	金額		

選択を解除すると、状態がよく分かります。

5 同様の方法で、セル E10 と E16 の数式だけ（書式なし）を他のセルにコピーします。

	A	B	C	D	E	F	G
1	スポーツショップ売上表						
2							ボール類価格表
3		商品名	単価	数量	金額		商品名
4	サッカー	サッカーボール	2,500	36	¥90,000		テニスボール
5		スパイクシューズ	7,700	24	¥184,800		サッカーボール
6		トレーニングウェア	4,600	32	¥147,200		軟式野球ボール
7		キーパーグローブ	8,500	10	¥85,000		
8							
9		商品名	単価	数量	金額		
10	野球	軟式野球ボール	450	150	¥67,500		
11		グラブ	6,300	22	¥138,600		
12		木製バット	4,100	18	¥73,800		
13		ヘルメット	3,900	13	¥50,700		
14							
15		商品名	単価	数量	金額		
16	テニス	テニスボール	550	180	¥99,000		
17		ラケット	9,900	28	¥277,200		
18		シューズ	5,900	26	¥153,400		
19		キャップ	2,100	33	¥69,300		
20							

6 ブック「Chap4_ スポーツショップ売上表」を上書き保存して閉じます。

4-3 入力や表示を補助する機能を利用する

表のデータが増えてくると、作業の能率が落ちてくることがあります。たとえば、データの修正も少ないうちは簡単に済みますが、データが多いと時間がかかります。また、表が大きいと画面スクロールを頻繁に行う手間も発生しがちです。ほかにも、後で取り掛かる予定の作業を忘れてしまうミスもあるかもしれません。ここではそれらを解消するための機能を学習しましょう。

LESSON 1 | データを検索して置き換える

ひととおりデータを入力した後で、同じパターンの間違いを数箇所にわたってしていることに気付いたときなどは、1つ1つ修正していくよりも**検索・置換**の機能を使うほうが便利です。この機能を使うと、ワークシート内のすべてのデータから対象の文字を検索し、指定する文字に置き換えることができます。

	A	B	C	D	E	F	G
1	蔵書リスト						
2	管理番号	分類	番号	本のタイトル	著者名ひらがな	出版社	出版社コード
3	児-98-や	児童/学習	98	水道のしくみ	やまだひろこ	水野出版	SA-4873D5F
4	趣-65-か	趣味/教養	65	川辺散歩を楽しもう	かわかみただし	カワハラ出版	SC-741P
5	自-28-さ	自然/環境	28	水辺のいきもの	さとうみつこ	滝沢出版	FT-823K
6	芸-43-し	芸術/工芸	43	うつわと水	しげひらあつお	泉水出版	OPT-u5187
7	生-101-む	生活/文化	101	きれいな水の生活	むらかみななこ	海洋出版	WS-4153uc
8	自-126-も	自然/環境	126	守ろうきれいな水	もりやまゆうこ	カワハラ出版	SC-741P
9	児-57-あ	児童/学習	57	どこからどこへ水の旅	あわのこうじ	滝沢出版	FT-823K
10	生-39-と	生活/文化	39	水のある暮らし	とおのたつひこ	海洋出版	WS-4153uc

	F	G
	出版社	出版社コード
	水野出版	SA-4873D5F
	川野原出版	SC-741P
	滝沢出版	FT-823K
	泉水出版	OPT-u5187
	海洋繧出版	WS-4153uc
	川野原出版	SC-741P
	滝沢出版	FT-823K
	海洋繧出版	WS-4153uc

STEP 表内の"カワハラ出版"を"川野原出版"に置き換える

1 ブック「Chap4_蔵書リスト」を開きます。

> 📁 スクール基礎_Excel 2019 ▶ 📁 CHAPTER4 ▶ 📄 「Chap4_蔵書リスト」

	A	B	C	D	E	F	G
1	蔵書リスト						
2	管理番号	分類	番号	本のタイトル	著者名ひらがな	出版社	出版社コード
3	児-98-や	児童/学習	98	水道のしくみ	やまだひろこ	水野出版	SA-4873D5F
4	趣-65-か	趣味/教養	65	川辺散歩を楽しもう	かわかみただし	カワハラ出版	SC-741P
5	自-28-さ	自然/環境	28	水辺のいきもの	さとうみつこ	滝沢出版	FT-823K
6	芸-43-し	芸術/工芸	43	うつわと水	しげひらあつお	泉水出版	OPT-u5187
7	生-101-む	生活/文化	101	きれいな水の生活	むらかみななこ	海洋出版	WS-4153uc
8	自-126-も	自然/環境	126			カワハラ出版	SC-741P
9	児-57-あ	児童/学習	57			滝沢出版	FT-823K
10	生-39-と	生活/文化	39		ひこ	海洋出版	WS-4153uc
11	芸-1158-あ	芸術/工芸	1158	川と草物	あんとうゆきしげ	泉水出版	OPT-u5187
12	児-66-か	児童/学習	66	手作り工作（川遊び）	かつのみつゆき	カワハラ出版	SC-741P
13	趣-71-か	趣味/教養	71	水のある風景	かんだかずや	海洋出版	WS-4153uc
14	自-502-み	自然/環境	502	100年前の地形	みつふじありと	カワハラ出版	SC-741P
15	芸-21-や	芸術/工芸	21	民芸と水	やなぎむねなお	泉水出版	OPT-u5187
16	生-92-こ	生活/文化	92	水と暮らす人々	こつづかしげる	滝沢出版	FT-823K
17							

> 今回置換の対象となるのは、この4か所です。

> 💬 実習用データはインターネットからダウンロードできます。詳細は本書のP.(4)に記載されています。

2　セル A1 をアクティブにします。

	A	B	C	D	E	F	G
1	蔵書リスト						
2	管理番号	分類	番号	本のタイトル	著者名ひらがな	出版社	出版社コード
3	児-98-や	児童/学習	98	水道のしくみ	やまだひろこ	水野出版	SA-4873D5F
4	趣-65-か	趣味/教養	65	川辺散歩を楽しもう	かわかみただし	カワハラ出版	SC-741P
5	自-28-さ	自然/環境	28	水辺のいきもの	さとうみつこ	滝沢出版	FT-823K
6	芸-43-し	芸術/工芸	43	うつわと水	しげひらあつお	泉水出版	OPT-u5187
7	生-101-む	生活/文化	101	きれいな水の生活	むらかみななこ	海洋出版	WS-4153uc
8	自-126-も	自然/環境	126	守ろうきれいな水	もりやまゆうこ	カワハラ出版	SC-741P
9	児-57-あ	児童/学習	57	どこからどこへ水の旅	あわのこうじ	滝沢出版	FT-823K
10	生-39-と	生活/文化	39	水のある暮らし	とおのたつひこ	海洋出版	WS-4153uc
11	芸-1158-あ	芸術/工芸	1158	川と染物	あんどうゆきしげ	泉水出版	OPT-u5187
12	児-66-か	児童/学習	66	手作り工作（川遊び）	かつのみつゆき	カワハラ出版	SC-741P
13	趣-71-か	趣味/教養	71	水のある風景	かんだかずや	海洋出版	WS-4153uc
14	自-502-み	自然/環境	502	100年前の地形	みつふじありとし	カワハラ出版	SC-741P
15	芸-21-や	芸術/工芸	21	民芸と水	やなぎむねなお	泉水出版	OPT-u5187
16	生-92-こ	生活/文化	92	水と暮らす人々	こつづかしげる	滝沢出版	FT-823K
17							

アクティブにするセル
は必ずしもセル A1 で
ある必要はなく、複数
のセルを選択していな
ければどのセルでもか
まいません。
複数のセルを選択して
いた場合、その範囲内
のみが検索の対象にな
り、ワークシート全体
の検索ができないから
です。

3　［ホーム］タブの［検索と選択］ボタンをクリックします。

4　［置換］をクリックします。

→　［検索と置換］ダイアログボックスが表示されます。

5 ［検索する文字列］ボックスに「カワハラ出版」と入力します。

6 ［置換後の文字列］ボックスに「川野原出版」と入力します。

7 ［すべて置換］をクリックします。

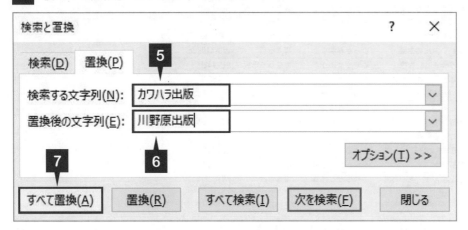

8 下図のメッセージが表示されるので［OK］をクリックします。

9 ［検索と置換］ダイアログボックスの［閉じる］をクリックします。

→ 表内の"カワハラ出版"がすべて"川野原出版"に置き換わりました。

	A	B	C	D	E	F	G
1	蔵書リスト						
2	管理番号	分類	番号	本のタイトル	著者名ひらがな	出版社	出版社コード
3	児-98-や	児童/学習	98	水道のしくみ	やまだひろこ	水野出版	SA-4873D5F
4	趣-65-か	趣味/教養	65	川辺散歩を楽しもう	かわかみただし	川野原出版	SC-741P
5	自-28-さ	自然/環境	28	水辺のいきもの	さとうみつこ	滝沢出版	FT-823K
6	芸-43-し	芸術/工芸	43	うつわと水	しげひらあつお	泉水出版	OPT-u5187
7	生-101-む	生活/文化	101	きれいな水の生活	むらかみななこ	海洋出版	WS-4153uc
8	自-126-も	自然/環境	126	守ろうきれいな水	もりやまゆうこ	川野原出版	SC-741P
9	児-57-あ	児童/学習	57	どこからどこへ水の旅	あわのこうじ	滝沢出版	FT-823K
10	生-39-と	生活/文化	39	水のある暮らし	とおのたつひこ	海洋出版	WS-4153uc
11	芸-1158-あ	芸術/工芸	1158	川と染物	あんどうゆきしげ	泉水出版	OPT-u5187
12	児-66-か	児童/学習	66	手作り工作（川遊び）	かつのみつゆき	川野原出版	SC-741P
13	趣-71-か	趣味/教養	71	水のある風景	かんだかずや	海洋出版	WS-4153uc
14	自-502-み	自然/環境	502	100年前の地形	みつふじありとし	川野原出版	SC-741P
15	芸-21-や	芸術/工芸	21	民芸と水	やなぎむねなお	泉水出版	OPT-u5187
16	生-92-こ	生活/文化	92	水と暮らす人々	こつづかしげる	滝沢出版	FT-823K
17							

10 同様の方法で、表内の"海洋出版"の文字を"海洋館出版"に置き換えます。

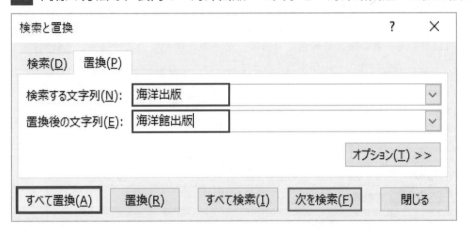

	A	B	C	D	E	F	G
1	蔵書リスト						
2	管理番号	分類	番号	本のタイトル	著者名ひらがな	出版社	出版社コード
3	児-98-や	児童/学習	98	水道のしくみ	やまだひろこ	水野出版	SA-4873D5F
4	趣-65-か	趣味/教養	65	川辺散歩を楽しもう	かわかみただし	川野原出版	SC-741P
5	自-28-さ	自然/環境	28	水辺のいきもの	さとうみつこ	滝沢出版	FT-823K
6	芸-43-し	芸術/工芸	43	うつわと水	しげひらあつお	泉水出版	OPT-u5187
7	生-101-む	生活/文化	101	きれいな水の生活	むらかみななこ	海洋館出版	WS-4153uc
8	自-126-も	自然/環境	126	守ろうきれいな水	もりやまゆうこ	川野原出版	SC-741P
9	児-57-あ	児童/学習	57	どこからどこへ水の旅	あわのこうじ	滝沢出版	FT-823K
10	生-39-と	生活/文化	39	水のある暮らし	とおのたつひこ	海洋館出版	WS-4153uc
11	芸-1158-あ	芸術/工芸	1158	川と染物	あんどうゆきしげ	泉水出版	OPT-u5187
12	児-66-か	児童/学習	66	手作り工作（川遊び）	かつのみつゆき	川野原出版	SC-741P
13	趣-71-か	趣味/教養	71	水のある風景	かんだかずや	海洋館出版	WS-4153uc
14	自-502-み	自然/環境	502	100年前の地形	みつふじありとし	川野原出版	SC-741P
15	芸-21-や	芸術/工芸	21	民芸と水	やなぎむねなお	泉水出版	OPT-u5187
16	生-92-こ	生活/文化	92	水と暮らす人々	こつづかしげる	滝沢出版	FT-823K
17							

検索と置換ダイアログ内：
検索する文字列(N): 海洋出版
置換後の文字列(E): 海洋館出版
Microsoft Excel：3 件を置換しました。

効率よくデータを入力・編集する　4

One Point データを1か所ずつ確認しながら置き換えるには

レッスンでは対象のセルをすべてまとめて置き換える操作を学習しましたが、データを1か所ずつ確認しながら置き換えたい場合は、[検索と置換] ダイアログボックスの [次を検索] と [置換] を利用します。

データを1か所ずつ確認しながら置き換える操作

1 [検索する文字列] と [置換後の文字列] に文字を入力します。

2 [次を検索] をクリックして該当箇所を検索します。

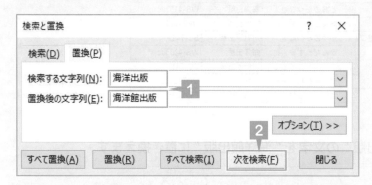

3 対象のセルが検索されますので、置き換える場合は [置換] を、置き換えない場合は [次を検索] をクリックします（クリック後、次の対象のセルが検索されます）。

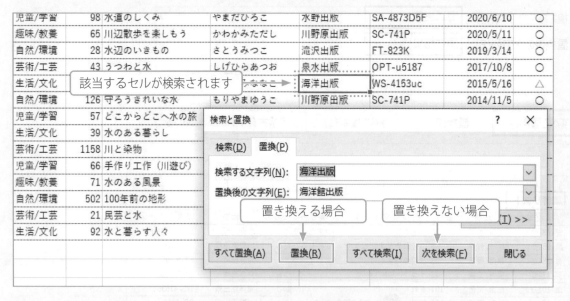

4 シート全体の検索が終わったら [閉じる] をクリックします。

LESSON **2** スクロール位置を固定する

スクロール位置を固定する機能を使用すると、特定の範囲を常に表示しながらスクロールすることができます。たとえば下図の表のセル B3 を境界としてスクロール位置を固定すると、1 行目～ 2 行目と A 列が常に表示される状態になります。縦方向へのスクロールは 3 行目以降が、横方向へのスクロールは B 列以降がスクロールされる範囲となります。

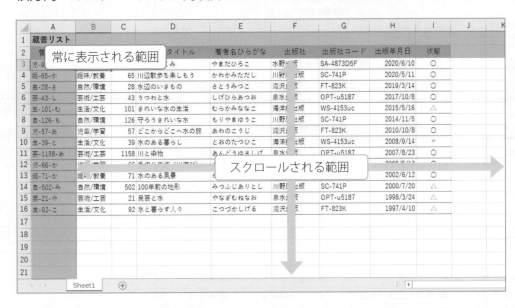

STEP セルB3 を境界としてスクロール位置を固定する

1 セル B3 をアクティブにします。

	A	B	C	D	E	F	G
1	蔵書リスト						
2	管理番号	分類	番号	本のタイトル	著者名ひらがな	出版社	出版社コード
3	児-98-や	児童/学習	98	水道のしくみ	やまだひろこ	水野出版	SA-4873D5F
4	趣-65-か	趣味/教養	65	川辺散歩を楽しもう	かわかみただし	川野原出版	SC-741P
5	自-28-さ	自然/環境	28	水辺のいきもの	さとうみつこ	滝沢出版	FT-823K
6	芸-43-し	芸術/工芸	43	うつわと水	しげひらあつお	泉水出版	OPT-u5187
7	生-101-む	生活/文化	101	きれいな水の生活	むらかみななこ	海洋館出版	WS-4153uc
8	自-126-も	自然/環境	126	守ろうきれいな水	もりやまゆうこ	川野原出版	SC-741P
9	児-57-あ	児童/学習	57	どこからどこへ水の旅	あわのこうじ	滝沢出版	FT-823K
10	生-39-と	生活/文化	39	水のある暮らし	とおのたつひこ	海洋館出版	WS-4153uc
11	芸-1158-あ	芸術/工芸	1158	川と染物	あんどうゆきしげ	泉水出版	OPT-u5187
12	児-66-か	児童/学習	66	手作り工作（川遊び）	かつのみつゆき	川野原出版	SC-741P

💬 このセルの上および左が、スクロール位置の境界になります。

2 ［表示］タブの［ウィンドウ枠の固定］ボタンをクリックします。

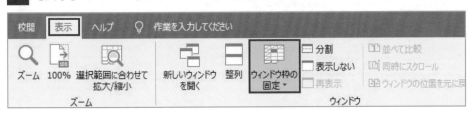

3 ［ウィンドウ枠の固定］をクリックします。

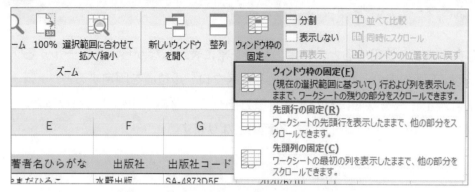

→ セル B3 を境界としてスクロール位置を固定できました。

	A	B	C	D	E	F
1	蔵書リスト					
2	管理番号	分類	番号	本のタイトル	著者名ひらがな	出版社
3	児-98-や	児童/学習	98	水道のしくみ	やまだひろこ	水野出版
4	趣-65-か	趣味/教養	65	川辺散歩を楽しもう	かわかみただし	川野原出版
5	自-28-さ	自然/環境	28	水辺のいきもの	さとうみつこ	滝沢出版
6	芸-43-し	芸術/工芸	43	うつわと水	しげひらあつお	泉水出版
7	生-101-む	生活/文化	101	きれいな水の生活	むらかみななこ	海洋舘出版
8	自-126-も	自然/環境	126	守ろうきれいな水	もりやまゆうこ	川野原出版
9	児-57-あ	児童/学習	57	どこからどこへ水の旅	あわのこうじ	滝沢出版
10	生-39-と	生活/文化	39	水のある暮らし	とおのたつひこ	海洋舘出版
11	芸-1158-あ	芸術/工芸	1158	川と染物	あんどうゆきしげ	泉水出版
12	児-66-か	児童/学習	66	手作り工作（川遊び）	かつのみつゆき	川野原出版
13	趣-71-か	趣味/教養	71	水のある風景	かんだかずや	海洋舘出版
14	自-502-み	自然/環境	502	100年前の地形	みつふじありとし	川野原出版
15	芸-21-や	芸術/工芸	21	民芸と水	やなぎむねなお	泉水出版
16	生-92-	生活/文化	92	水と暮らす人々	こつづみしげる	滝沢出版

💬 セル B3 の左上を境界として、灰色の細い線が表示されます（左図では赤線で表しています）。

🔄 **OnePoint　スクロール位置の固定を解除するには**

スクロール位置の固定を解除するには、任意のセルを選択して、［表示］タブの［ウィンドウ枠の固定］
ボタンから［ウィンドウ枠固定の解除］をクリックします。

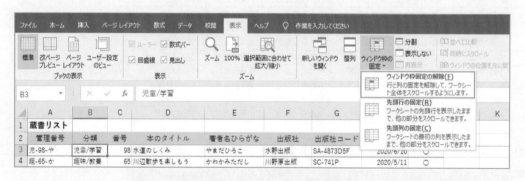

1 垂直スクロールバーを下方向にドラッグしてスクロールします。

一番下までスクロールバーをスクロールしたあと、▼ をクリックすると、さらに下方向へスクロールできます。

→ 1行目〜2行目が固定され、3行目以降だけがスクロールされることが確認できます。

常に表示される範囲

スクロールされる範囲

2 いったん一番上までスクロールします。

3 水平スクロールバーの ▶ をクリックして、横方向にスクロールします。

4

効率よくデータを入力・編集する

→ A列が固定され、B列以降だけがスクロールされることが確認できます。

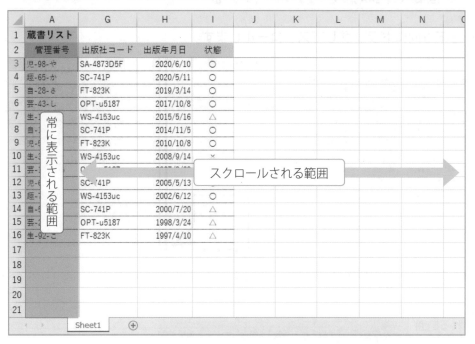

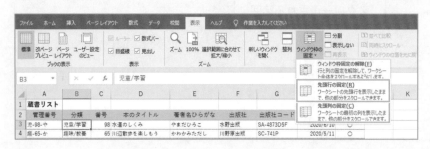

（One Point） ［先頭行の固定］や［先頭列の固定］を実行した場合

［ウィンドウ枠の固定］ボタンから［先頭行の固定］や［先頭列の固定］を設定すると、どのセルを選択した状態でもワークシートの1行目またはA列が固定され常に表示されるようになります。

LESSON **3** | コメントを挿入する

ワークシート内に注意書きや覚え書きを表記したいとき、セルにそのまま入力してしまうと、表作成の作業の邪魔になるだけでなく、印刷の必要がない表記まで印刷してしまうというミスにつながりかねません。

Excel には**コメント**という機能が用意されており、この機能を利用すると普段は隠れていて必要なときにだけ読めるコメントを挿入することができます。

※ Office365 では、コメント機能が"メモ"という名称で表示されています。お使いの環境が Office365 の場合は該当箇所を読み替えて学習を進めてください。

2014/11/5	○			
2010/10/8	○		**user:**	
2008/9/14	✛˅		補修中	
2007/8/23	○			
2005/5/13	○			
2002/6/12	○			

STEP ▶ セル I10 にコメントを挿入する

1 セル I10 をアクティブにします。

	D	E	F	G	H	I	J
	本のタイトル	著者名ひらがな	出版社	出版社コード	出版年月日	状態	
98	水道のしくみ	やまだひろこ	水野出版	SA-4873D5F	2020/6/10	○	
65	川辺散歩を楽しもう	かわかみただし	川野原出版	SC-741P	2020/5/11	○	
28	水辺のいきもの	さとうみつこ	滝沢出版	FT-823K	2019/3/14	○	
43	うつわと水	しげひらあつお	泉水出版	OPT-u5187	2017/10/8	○	
01	きれいな水の生活	むらかみななこ	海洋館出版	WS-4153uc	2015/5/16	△	
26	守ろうきれいな水	もりやまゆうこ	川野原出版	SC-741P	2014/11/5	○	
57	どこからどこへ水の旅	あわのこうじ	滝沢出版	FT-823K	2010/10/8	○	
39	水のある暮らし	とおのたつひこ	海洋館出版	WS-4153uc	2008/9/1	˅	
58	川と染物	あんどうゆきしげ	泉水出版	OPT-u5187	2007/8/23	○	
66	手作り工作（川遊び）	かつのみつゆき	川野原出版	SC-741P	2005/5/13	○	
71	水のある風景	かんだかずや	海洋館出版	WS-4153uc	2002/6/12	○	
02	100年前の地形	みつふじありとし	川野原出版	SC-741P	2000/7/20	△	
21	民芸と水	やなぎむねなお	泉水出版	OPT-u5187	1998/3/24	△	
92	水と暮らす人々	こつづかしげる	滝沢出版	FT-823K	1997/4/10	△	

2 ［校閲］タブの［新しいコメント］ボタンをクリックします。

→ コメントを入力するための枠が表示されます。枠内にはカーソルが表示されています。

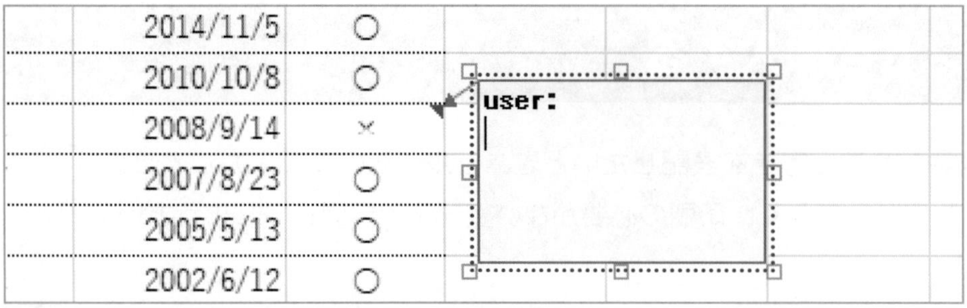

	2014/11/5	○	
	2010/10/8	○	
	2008/9/14	×	user: |
	2007/8/23	○	
	2005/5/13	○	
	2002/6/12	○	

セルを右クリックして
［コメントの挿入］で
も同様の操作が可能で
す。

3 下図のようにコメント枠内に文字を入力します。

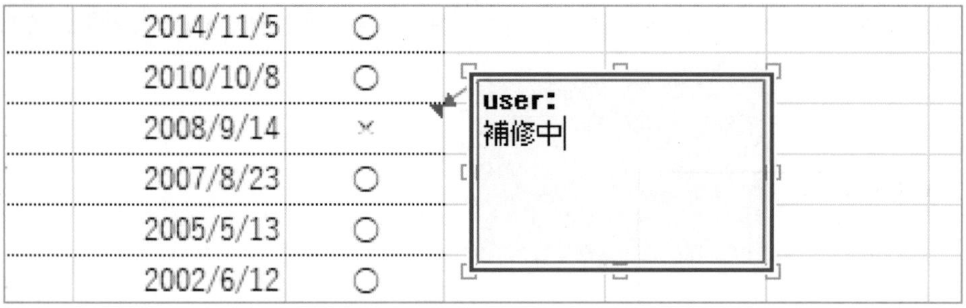

	2014/11/5	○	
	2010/10/8	○	
	2008/9/14	×	user: 補修中|
	2007/8/23	○	
	2005/5/13	○	
	2002/6/12	○	

コメントの１行目に
は記入者名が自動的に
入力されます（環境に
よって記入者名は異な
ります）。不要であれ
ば Backspace キーで消
すこともできます。

4 コメント枠外をクリックしてコメントの入力を確定します。

→ セル I10 にコメントを挿入できました。

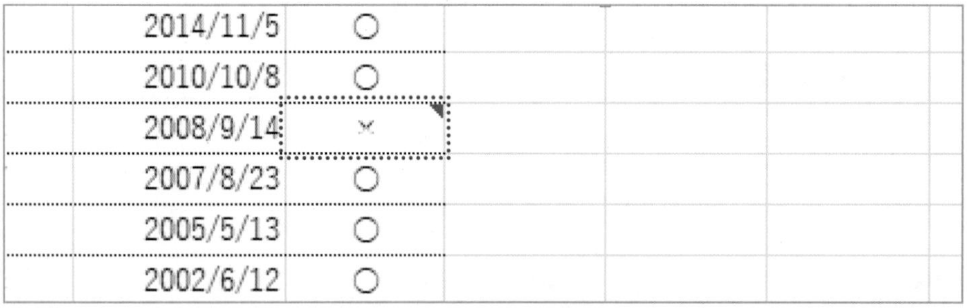

	2014/11/5	○	
	2010/10/8	○	
	2008/9/14	×	
	2007/8/23	○	
	2005/5/13	○	
	2002/6/12	○	

コメントを挿入したセ
ルの右上隅には赤い三
角が表示され、コメン
トがあることが一目で
分かるようになってい
ます。

STEP 挿入したコメントの内容を確認する

1 マウスポインターをセル I10 に合わせます（クリックはしなくてもかまいません）。

→ コメントが確認できました。

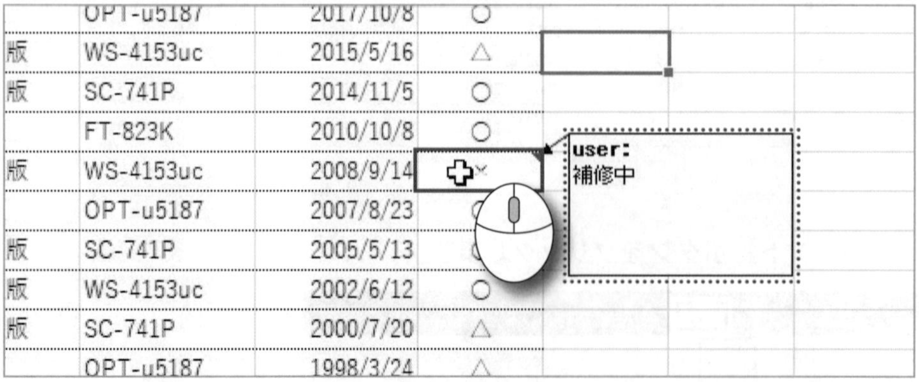

	OPT-u5187	2017/10/8	○	
版	WS-4153uc	2015/5/16	△	
版	SC-741P	2014/11/5	○	
	FT-823K	2010/10/8	○	
版	WS-4153uc	2008/9/14	×	user: 補修中
	OPT-u5187	2007/8/23	○	
版	SC-741P	2005/5/13	○	
版	WS-4153uc	2002/6/12	○	
版	SC-741P	2000/7/20	△	
	OPT-u5187	1998/3/24	△	

マウスポインターは赤
い三角に合わせる必要
はありません。セル内
の任意の位置に合わせ
ます。

2 ブック「Chap4_蔵書リスト」を上書き保存して閉じます。

⊖OnePoint　**コメントの内容を編集するには**

コメントの内容を編集するには、コメントが挿入されているセルを選択した状態で［校閲］タブの［コメントの編集］ボタンをクリックします。

また、コメントが挿入されているセルを右クリックして、ショートカットメニューの［コメントの編集］から操作することでも可能です。

⊖OnePoint　**コメントを削除するには**

コメントを削除するには、コメントが挿入されているセルを選択した状態で［校閲］タブの［削除］ボタンをクリックします。

また、コメントが挿入されているセルで右クリックして、ショートカットメニューの［コメントの削除］をクリックする操作でも、コメントを削除できます。

4

効率よくデータを入力・編集する

⊕ One Point **コメントを常に表示させておくには**

通常、コメントはセルにマウスポインターを合わせたときしか表示されませんが、常に表示しておきたい場合は、以下のどちらかのボタンをクリックします。

・[コメントの表示 / 非表示] ボタン …… 選択しているセルのコメントを表示します。
・[すべてのコメントの表示] ボタン …… シート内のすべてのコメントを表示します。

（どちらのボタンも再度クリックすることで表示状態を解除することができます）

コメントも含めてワークシートを印刷するには、コメントを画面に表示した状態で次のとおり操作を行います。

> コメントの印刷

① [ページレイアウト] タブの [シートのオプション] グループの [シートのページ設定] をクリックして [ページ設定] ダイアログボックスを表示します。

② [コメント] ボックスから [画面表示イメージ] を選択します。

学習の
まとめ │ **CHAPTER 4 章末練習問題**

【章末練習問題 1】 文化センター開催スケジュール

📁 スクール基礎 _Excel 2019 ▶ 📁 CHAPTER4 ▶ 📁 章末練習問題 ▶ Ｅ「Chap4_ 文化センター開催スケジュール」

① ブック「Chap4_ 文化センター開催スケジュール」を開きましょう。

② セル C5 〜 C7 に "縮小して全体を表示する" 設定を行い、完成例を参考にデータを入力しましょう。

③ セル D5 〜 E7 に "折り返して全体を表示する" 設定を行い、完成例を参考にデータを入力しましょう。

④ "セル内での改行" を利用して、セル B9 に完成例のように文字を入力しましょう。

⑤ ブックを上書き保存して閉じましょう。

＜完成例＞

	A	B	C	D	E	F
1		あけぼの文化センター開催スケジュール				
2		2020年1月27日				
3		●あけぼの会館●				
4		開始時間	開催名	内容		
5		9:30	地域活性化シンポジウム	地域活性化にはどのような活動を行えばよいかを皆さんで考えます。		
6		13:00	現代の食シンポジウム	飽食の時代の「食」について、講師をお招きして議論します。		
7		15:00	伝統産業の今	伝統産業の現況について、専門家の方にお話しいただきます。		
8		特記事項				
9		13:00からのシンポジウムについて ・開催前に設備の準備が必要 ・来場の方に配布物あり				
10						

【章末練習問題 2】サプリメント売上表

📁 スクール基礎_Excel 2019 ▶ 📁 CHAPTER4 ▶ 📁 章末練習問題 ▶ 🗐 「Chap4_ サプリメント売上表」

1 ブック「Chap4_ サプリメント売上表」を開きましょう。

2 セル J1 〜 P1 をセル A1 〜 G1 に移動しましょう。

3 セル J4 〜 N5 をセル A4 〜 E5 にコピーしましょう。貼り付け後、書式がコピーされないように設定しましょう。

4 セル J4 〜 N5 を "すべてクリア"（消去）しましょう。

※ "すべてクリア" は ［ホーム］タブの［クリア］ボタンから実行できます。

5 セル F3 の数式をオートフィル機能を利用してセル F7 までコピーしましょう。ただし、書式はコピーしないようにしましょう。

※セルの左上に表示される緑色の三角マークは数式にエラーの可能性があることを示すマークです。

今回は合計の参照範囲のすぐ隣に、参照していない数値のセルがあることに反応して表示されていますが、これは意図的に行ったことでありエラーではないため無視して操作を進めます。このマークは印刷はされません。

6 セル A1 〜 G7 の書式をコピーして、セル A9 と A17 を起点にそれぞれ貼り付けましょう。

7 検索と置換機能を利用して、シート内の文字列「ビタミンサプリ」を「ビタミンサプリ R」に置き換えましょう。

※セル A4 の文字列はすでに「ビタミンサプリ R」となっているため、置き換える必要はありません。

8 セル A4 に「ビタミンサプリとポリフェノールサプリは商品のリニューアルを行いました。」というコメントを挿入しましょう。

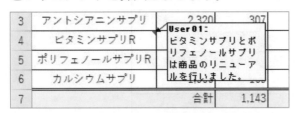

9 ブックを上書き保存して閉じましょう。

＜完成例＞

	A	B	C	D	E	F	G
1	サプリメント【会員】売上表（4月～6月集計）						
2	商品名	会員価格	中島支店	大城支店	戸鹿支店	販売個数計	売上金額計
3	アントシアニンサプリ	2,320	307	312	294	913	2,118,160
4	ビタミンサプリR	1,580	361	390	352	1,103	1,742,740
5	ポリフェノールサプリR	1,340	306	327	351	984	1,318,560
6	カルシウムサプリ	1,060	169	186	175	530	561,800
7	合計		1,143	1,215	1,172	3,530	5,741,260
8							
9	サプリメント【会員】売上表（7月～9月集計）						
10	商品名	会員価格	中島支店	大城支店	戸鹿支店	販売個数計	売上金額計
11	アントシアニンサプリ	2,320	381	290	324	995	2,308,400
12	ビタミンサプリR	1,580	390	364	362	1,116	1,763,280
13	ポリフェノールサプリR	1,340	350	317	348	1,015	1,360,100
14	カルシウムサプリ	1,060	140	186	192	518	549,080
15	合計		1,261	1,157	1,226	3,644	5,980,860
16							
17	サプリメント【会員】売上表（10月～12月集計）						
18	商品名	会員価格	中島支店	大城支店	戸鹿支店	販売個数計	売上金額計
19	アントシアニンサプリ	2,320	412	241	351	1,004	2,329,280
20	ビタミンサプリR	1,580	384	306	394	1,084	1,712,720
21	ポリフェノールサプリR	1,340	368	332	366	1,066	1,428,440
22	カルシウムサプリ	1,060	156	191	157	504	534,240
23	合計		1,320	1,070	1,268	3,658	6,004,680
24							

4

効率よくデータを入力・編集する

【章末練習問題3】フリーマーケット販売管理表

▼🗁 スクール基礎_Excel 2019 ▶ ▼🗁 CHAPTER4 ▶ ▼🗁 章末練習問題 ▶ 🅔「Chap4_フリーマーケット販売管理表」

1 ブック「Chap4_フリーマーケット販売管理表」を開きましょう。
※ CHAPTER3 の章末練習問題で作成したブックを使用してもかまいません。

2 4行目をコピーして、18行目と19行目の間に挿入しましょう。

3 セル B19 の入力内容を消去しましょう。また、セル K19 を「利益額合計」、セル L19 を「利益額平均」に入力し直しましょう。

4 セル A19 ～ B20 を結合して中央揃えしましょう。

5 セル C19 ～ L19 の塗りつぶしの色を "ゴールド、アクセント 4、白 + 基本色 40%" に設定しましょう。

6 ブックを上書き保存して閉じましょう。

＜完成例＞

	A	B	C	D	E	F	G	H	I	J	K	L
1						フリーマーケット販売管理表						
2												
3	作成日：	2020年6月30日										(単位：円)
4		商品分類	1月	2月	3月	4月	5月	6月	7月	8月	分類別合計	分類別平均
5		衣類	3,400	5,600	1,300	2,800	5,900	3,200	4,000	9,000	35,200	4,400
6		電化製品	7,500	2,300	0	0	0	6,700	2,500	0	19,000	2,375
7	売	家具・寝具	0	3,400	2,600	4,500	0	2,300	3,000	2,000	17,800	2,225
8	上	書籍	300	450	0	520	1,300	400	800	0	3,770	471
9		食品	460	700	230	620	450	770	500	1,200	4,930	616
10		その他	300	0	0	450	690	0	600	900	2,940	368
11		月別売上合計	11,960	12,450	4,130	8,890	8,340	13,370	11,400	13,100	83,640	10,455
12		費目	1月	2月	3月	4月	5月	6月	7月	8月	費目別合計	費目別平均
13		参加費	2,000	1,500	2,000	1,000	1,500	3,000	1,000	2,000	14,000	1,750
14	経	梱包資材	580	0	1,160	0	0	580	600	1,500	4,420	553
15	費	値札	360	0	360	0	360	0	360	0	1,440	180
16		交通費	1,800	2,100	4,200	1,800	2,100	850	2,500	1,800	17,150	2,144
17		その他	0	840	680	980	750	680	800	1,250	5,980	748
18		月別経費合計	4,740	4,440	8,400	3,780	4,710	5,110	5,260	6,550	42,990	5,374
19	利益		1月	2月	3月	4月	5月	6月	7月	8月	利益額合計	利益額平均
20			7,220	8,010	-4,270	5,110	3,630	8,260	6,140	6,550	40,650	5,081
21												

グラフを作成する

ここではグラフを作成する方法を学習します。グラフがあるとデータの傾向がより視覚的に分かりやすくなります。Excel ではセルのデータを基に簡単にグラフを挿入することができます。

5-1 グラフを挿入する

Excel では 10 種類以上の多彩なグラフを作成することができます。種類ごとにいくつかの表示スタイルが用意されており、豊富なパターンから選ぶことができます。

代表的なグラフ

縦棒グラフ・横棒グラフ

縦棒・横棒グラフは項目の比較によく利用します。項目が集まって構成されたグループごとの傾向も見ることができます。

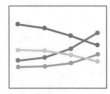

折れ線グラフ

折れ線グラフは時間の経過に伴う変化や傾向を見る場合などに利用されます。

面グラフ

面グラフは折れ線グラフの下方部分を塗りつぶしたグラフです。時間の経過に伴う変化の大きさをより視覚化します。

円グラフ

円グラフは全体に対する各項目の割合を表す場合などに利用されます。

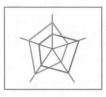

レーダーチャート

レーダーチャートは中心から放射状に伸びる線にデータを表す点を打ち、これらの点を線で結ぶことによって、傾向や特徴を視覚化します。

散布図

散布図は縦軸と横軸を使って 2 種類のデータを点で示すことによって、データ間の相関関係を視覚化します。

5

LESSON 1 | 表のデータを基にグラフを挿入する

グラフを挿入するには、まずグラフの基になるセル範囲を選択する操作が必要です。基になるセル範囲を正しく選ぶことがグラフを上手に作成するためのポイントです。

 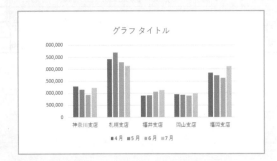

次に、挿入するグラフの種類を選びます。グラフの種類を選ぶ方法はいくつか用意されていますが、その中でもリボンの［挿入］タブを使う方法は以前から用いられているスタンダードな方法です。リボンからはすべての種類のグラフが挿入できます。

グラフを作成する

STEP 表のデータを基に集合縦棒グラフを挿入する

1 ブック「**Chap5_ 支店別売上グラフ**」を開きます。

スクール基礎 _Excel 2019 ▶ CHAPTER5 ▶ 「Chap5_ 支店別売上グラフ」

	A	B	C	D	E	F	G	H	I	J
1				支店別売上集計表						
2		神奈川支店	札幌支店	福井支店	岡山支店	福岡支店	合計	平均		
3	4 月	1,284,300	2,425,900	895,600	954,100	1,843,600	7,403,500	1,480,700		
4	5 月	1,156,700	2,690,100	915,000	935,600	1,736,400	7,433,800	1,486,760		
5	6 月	924,800	2,283,000	1,052,300	892,400	1,624,100	6,776,600	1,355,320		
6	7 月	1,221,500	2,135,500	1,135,800	987,800	2,116,500	7,597,100	1,519,420		
7	合計	4,587,300	9,534,500	3,998,700	3,769,900	7,320,600	29,211,000	5,842,200		
8	平均	1,146,825	2,383,625	999,675	942,475	1,830,150	7,302,750			
9										
10										
11										
12										
13										
14										
15										
16										
17										
18										

実習用データはインターネットからダウンロードできます。詳細は本書のP.（4）に記載されています。

2 グラフにしたい範囲、セル A2 〜 F6 を範囲選択します。

	A	B	C	D	E	F	G	H	I	J
1				支店別売上集計表						
2		神奈川支店	札幌支店	福井支店	岡山支店	福岡支店	合計	平均		
3	4 月	1,284,300	2,425,900	895,600	954,100	1,843,600	7,403,500	1,480,700		
4	5 月	1,156,700	2,690,100	915,000	935,600	1,736,400	7,433,800	1,486,760		
5	6 月	924,800	2,283,000	1,052,300	892,400	1,624,100	6,776,600	1,355,320		
6	7 月	1,221,500	2,135,500	1,135,800	987,800	2,116,500	7,597,100	1,519,420		
7	合 計	4,587,300	9,534,500	3,998,700	3,769,900	7,320,600	29,211,000	5,842,200		
8	平 均	1,146,825	2,383,625	999,675	942,475	1,830,150	7,302,750			
9										
10										
11										
12										
13										
14										

ここで選択した範囲が
グラフの基になるた
め、大切な操作です。
"合計"の行や列まで
選択しないように気を
付けます。

3 ［挿入］タブの［縦棒 / 横棒グラフの挿入］ボタンをクリックします。

4 ［2-D 縦棒］グループの［集合縦棒］をクリックします。

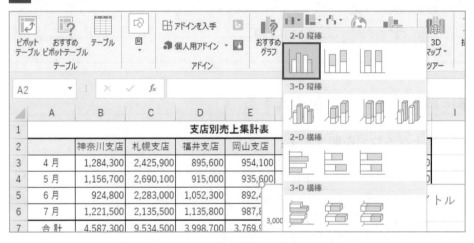

グラフの種類にマウ
スポインターを合わ
せると、グラフのプレ
ビューが表示されま
す。

→ 表のデータを基に集合縦棒グラフを挿入できました。

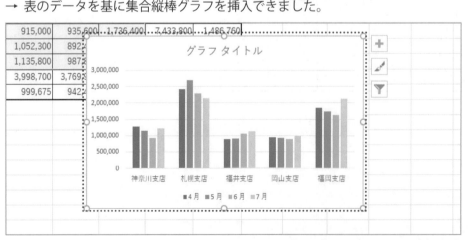

この時点ではグラフが
挿入された位置は左図
と異なっていてもかま
いません。

OnePoint　グラフを削除するには

挿入したグラフを削除するには、グラフ内の余白部分（マウスポインターを合わせると"グラフエリア"
と表示される箇所）をクリックしてグラフ全体を選択した状態にし、Backspace キーまたは Delete キー
を押します。

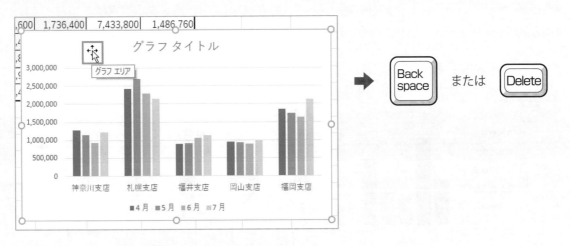

OnePoint　グラフを編集するためのタブ

グラフエリアやグラフ内の各要素を選択すると、リボンに［グラフツール］の［デザイン］タブと［書
式］タブが表示されます。これはグラフに対してさまざまな設定を行える"グラフを編集するためのタブ"
です。

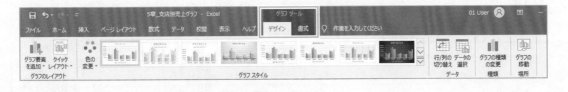

LESSON 2 | グラフの構成要素を確認する

グラフ（以下の例は"集合縦棒"）を構成する各要素の名称と役割は次のとおりです。

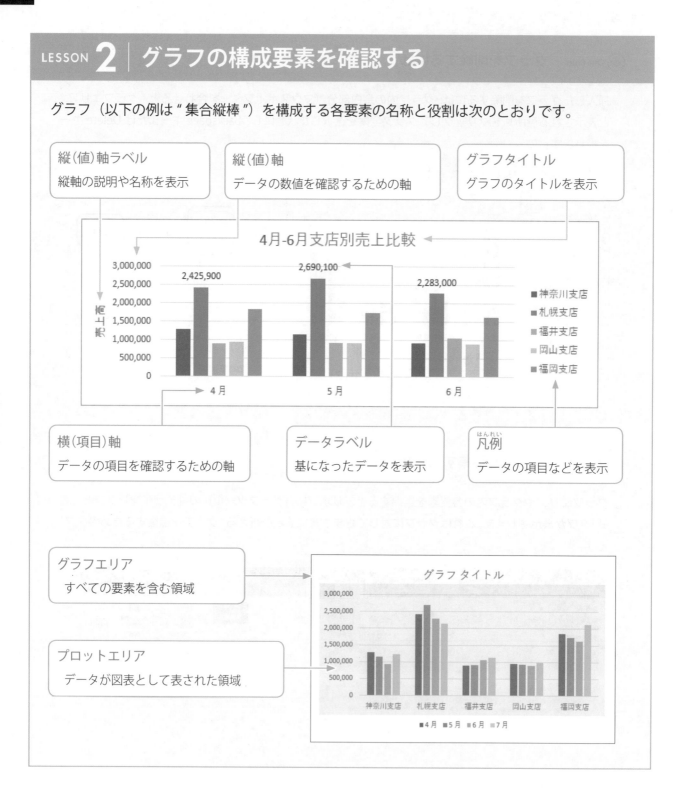

縦（値）軸ラベル
縦軸の説明や名称を表示

縦（値）軸
データの数値を確認するための軸

グラフタイトル
グラフのタイトルを表示

横（項目）軸
データの項目を確認するための軸

データラベル
基になったデータを表示

凡例
データの項目などを表示

グラフエリア
すべての要素を含む領域

プロットエリア
データが図表として表された領域

LESSON 3 ｜ グラフを移動する

挿入したグラフはいったん画面の中央に配置されますが、自由な位置に移動することができます。移動の操作はグラフエリアにマウスポインターを合わせて行います。

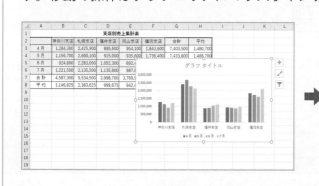 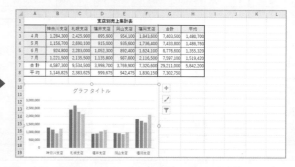

STEP　グラフを表の下部に移動する

1 " グラフエリア " と表示される場所にマウスポインターを合わせます。

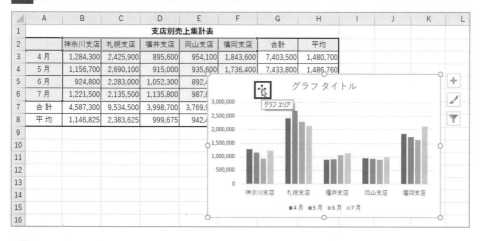

グラフの余白部分にマウスポインターを合わせると"グラフエリア"と表示され、マウスポインターの形が に変わります。

2 表の下部までドラッグします。

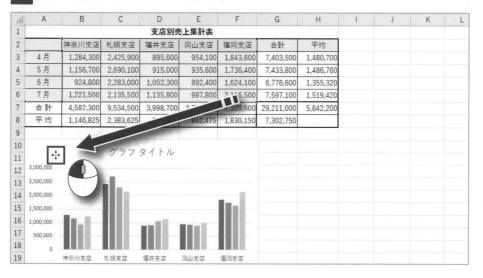

左図の操作例では、セルA10の左上とグラフエリアの左上を合わせるように移動しています。

→ グラフを表の下部に移動できました。

One Point **セルの枠線にぴったり合わせてグラフを移動するには**

キーボードの Alt キーを押しながらグラフを移動すると、グラフがセルの枠線に沿うように移動し、位置が合わせやすくなります。

One Point **グラフ内の各要素を移動させるには**

"グラフエリア"を選択してドラッグするとグラフ全体が移動しますが、グラフ内の各要素をドラッグするとグラフ内でその要素を移動することができます。

LESSON 4 ｜ グラフのサイズを変更する

グラフのサイズは自由に変更することができます。グラフのサイズを変更するにはグラフを選択したときに周囲に表示されるサイズ変更ハンドルを利用します。

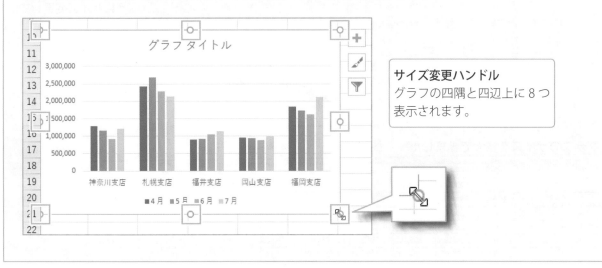

サイズ変更ハンドル
グラフの四隅と四辺上に8つ
表示されます。

STEP グラフのサイズを拡大する

グ
ラ
フ
を
作
成
す
る

1 "グラフエリア"と表示される場所をクリックします。

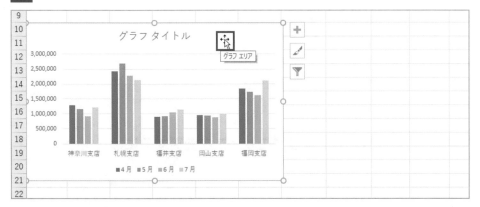

→ グラフ全体が選択されたことを表す枠線とサイズ変更ハンドルが表示されます。

2 グラフの右下のサイズ変更ハンドルにマウスポインターを合わせます。

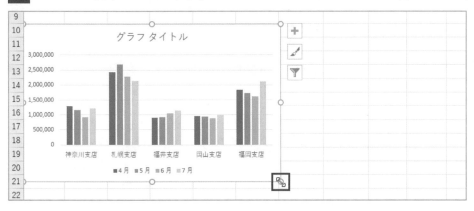

今回は右下のサイズ変
更ハンドルを利用しま
すが、どのハンドルで
もサイズを変更するこ
とができます。

3 下図のようにドラッグします。

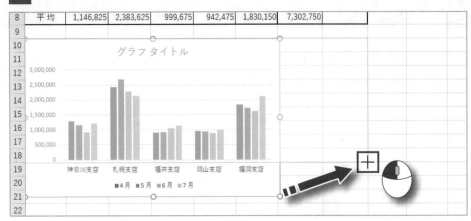

左図の操作例では、セル H18 の右下とグラフの右下が合わさるようにサイズ変更しています。

→ グラフのサイズを拡大できました。

	A	神奈川支店	札幌支店	福井支店	岡山支店	福岡支店	合計	平均
1				支店別売上集計表				
2		神奈川支店	札幌支店	福井支店	岡山支店	福岡支店	合計	平均
3	4 月	1,284,300	2,425,900	895,600	954,100	1,843,600	7,403,500	1,480,700
4	5 月	1,156,700	2,690,100	915,000	935,600	1,736,400	7,433,800	1,486,760
5	6 月	924,800	2,283,000	1,052,300	892,400	1,624,100	6,776,600	1,355,320
6	7 月	1,221,500	2,135,500	1,135,800	987,800	2,116,500	7,597,100	1,519,420
7	合 計	4,587,300	9,534,500	3,998,700	3,769,900	7,320,600	29,211,000	5,842,200
8	平 均	1,146,825	2,383,625	999,675	942,475	1,830,150	7,302,750	

⊕OnePoint **セルの枠線にぴったり合わせてグラフのサイズを変更するには**

キーボードの Alt キーを押しながらグラフのサイズを変更すると、グラフがセルの枠線に沿うようにサイズ変更できます。

⊕OnePoint **プロットエリア（図表部分）だけをサイズ変更するには**

グラフ内のプロットエリアだけをサイズ変更するには、グラフ内のプロットエリアをクリックして、プロットエリアの周囲に表示されるサイズ変更ハンドルを利用します

LESSON 5 | カテゴリと系列を入れ替えて表示する

Excel の棒グラフでは、横（項目）軸で確認できる内容をカテゴリ、凡例で示された項目に関する内容を系列と呼びます。

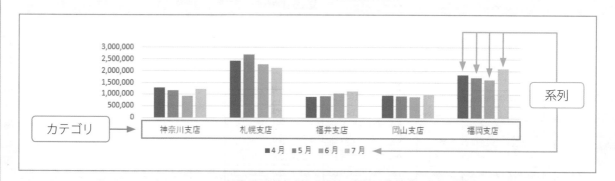

グラフの挿入時に、基になるデータの行と列の項目数が比較され、初期設定では数の多いものがカテゴリ、少ないものが系列となります。

上記のグラフを " 月 " ごとの比較がしやすいグラフに変更したい場合、［行 / 列の切り替え］ボタンを使ってカテゴリと系列の内容を入れ替えます。

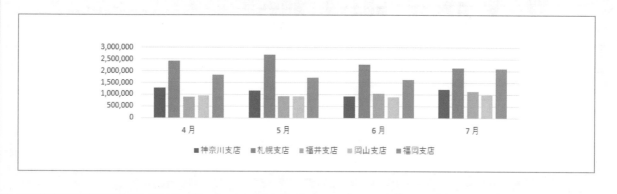

STEP グラフの行と列を切り替える

1 グラフが選択されていることを確認します。

6	7 月	1,221,500	2,135,500	1,135,800	987,800	2,116,500	7,597,100	1,519,420
7	合 計	4,587,300	9,534,500	3,998,700	3,769,900	7,320,600	29,211,000	5,842,200
8	平 均	1,146,825	2,383,625	999,675	942,475	1,830,150	7,302,750	

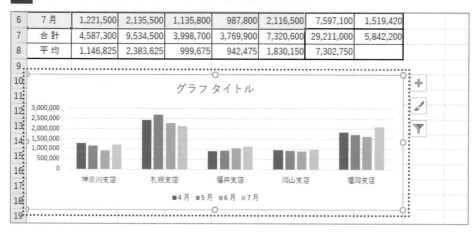

グラフが選択されていない場合は、グラフエリアをクリックして選択します。

左余白: 5　グラフを作成する

2 ［グラフツール］の［デザイン］タブの［行 / 列の切り替え］ボタンをクリックします。

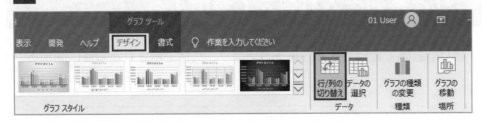

→ グラフの行と列が切り替わりました。

	A	B	C	D	E	F	G	H	I	J
1					支店別売上集計表					
2		神奈川支店	札幌支店	福井支店	岡山支店	福岡支店	合計	平均		
3	4 月	1,284,300	2,425,900	895,600	954,100	1,843,600	7,403,500	1,480,700		
4	5 月	1,156,700	2,690,100	915,000	935,600	1,736,400	7,433,800	1,486,760		
5	6 月	924,800	2,283,000	1,052,300	892,400	1,624,100	6,776,600	1,355,320		
6	7 月	1,221,500	2,135,500	1,135,800	987,800	2,116,500	7,597,100	1,519,420		
7	合 計	4,587,300	9,534,500	3,998,700	3,769,900	7,320,600	29,211,000	5,842,200		
8	平 均	1,146,825	2,383,625	999,675	942,475	1,830,150	7,302,750			

グラフ タイトル

3,000,000
2,500,000
2,000,000
1,500,000
1,000,000
500,000
0

4 月　　　5 月　　　6 月　　　7 月

■神奈川支店　■札幌支店　■福井支店　□岡山支店　■福岡支店

Sheet1

再度［行 / 列の切り替え］ボタンをクリックすれば、元の配置に戻ります。

5-2 グラフの要素を編集する

"グラフタイトル"、"軸ラベル"、"データラベル"など、グラフに含まれる要素は、内容を修正したり、追加したりすることができます。また、"カテゴリ"や"系列"の要素は、不要な項目を非表示にして必要な項目だけを表示することができます。

LESSON 1 | グラフタイトルを修正する

グラフの上部にはグラフタイトルという要素があります。グラフ挿入直後は仮称として「グラフタイトル」と表示されます。これを修正するには、まずグラフタイトル内にカーソルを表示することがポイントです。

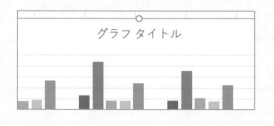 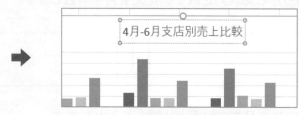

STEP グラフタイトルを"4月-6月支店別売上比較"に修正する

1 グラフタイトルをクリックします。

	A	B	C	D	E	F	G	H	I	J
1				支店別売上集計表						
2		神奈川支店	札幌支店	福井支店	岡山支店	福岡支店	合計	平均		
3	4 月	1,284,300	2,425,900	895,600	954,100	1,843,600	7,403,500	1,480,700		
4	5 月	1,156,700	2,690,100	915,000	935,600	1,736,400	7,433,800	1,486,760		
5	6 月	924,800	2,283,000	1,052,300	892,400	1,624,100	6,776,600	1,355,320		
6	7 月	1,221,500	2,135,500	1,135,800	987,800	2,116,500	7,597,100	1,519,420		
7	合 計	4,587,300	9,534,500	3,998,700	3,769,900	7,320,600	29,211,000	5,842,200		
8	平 均	1,146,825	2,383,625	999,675	942,475	1,830,150	7,302,750			
9										

→ グラフタイトルが選択されたことを表す枠線とハンドルが表示されます。

2 グラフタイトルの枠内を再度クリックします。

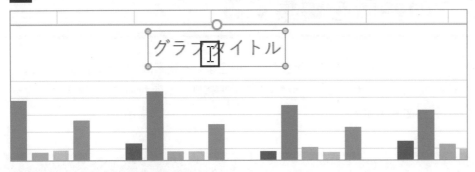

→ 枠内にカーソルが表示されます。

3 あらかじめ入力されていた文字列を消去します。

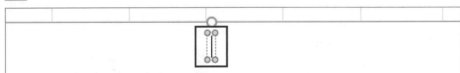

文字列の消去は Delete キーや Backspace キー で行います。

4 「4月-6月支店別売上比較」と入力します。

5 グラフタイトルの枠外をクリックします。

→ グラフタイトルを修正できました。

	A	B	C	D	E	F	G	H	I	J
1				支店別売上集計表						
2		神奈川支店	札幌支店	福井支店	岡山支店	福岡支店	合計	平均		
3	4 月	1,284,300	2,425,900	895,600	954,100	1,843,600	7,403,500	1,480,700		
4	5 月	1,156,700	2,690,100	915,000	935,600	1,736,400	7,433,800	1,486,760		
5	6 月	924,800	2,283,000	1,052,300	892,400	1,624,100	6,776,600	1,355,320		
6	7 月	1,221,500	2,135,500	1,135,800	987,800	2,116,500	7,597,100	1,519,420		
7	合 計	4,587,300	9,534,500	3,998,700	3,769,900	7,320,600	29,211,000	5,842,200		
8	平 均	1,146,825	2,383,625	999,675	942,475	1,830,150	7,302,750			
9										
10				4月-6月支店別売上比較						
11										
12	3,000,000									
13	2,500,000									
14	2,000,000									
15	1,500,000 1,000,000									
16	500,000 0									
17			4月	5月		6月		7月		
18			■神奈川支店 ■札幌支店 ■福井支店 ■岡山支店 ■福岡支店							
19										

OnePoint　**セルのデータを参照してグラフタイトルに利用するには**

セルに入力されているデータを参照してグラフタイトルにすることもできます。
グラフタイトルを選択した状態で、半角の「=」（全角では正しく機能しません）を入力した後、参照したいセルをクリックして参照式を作成し、Enter キーで確定します。参照したセルの内容を書き換えるとグラフタイトルも書き換わります。

セルを参照するグラフタイトルの作成

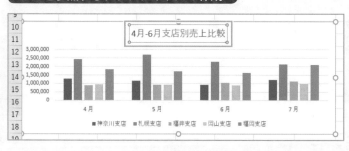

①グラフタイトルを選択した状態で、半角の「=」を入力します。

②グラフタイトルには変化はありませんが、数式バーには " = " が入力されています。

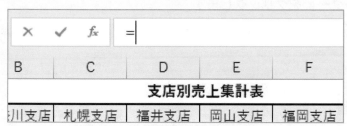

③参照したいセルをクリックすると、数式バーに参照式が表示されます。

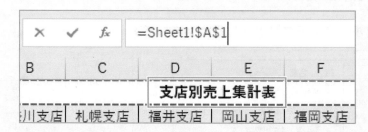

④ Enter キーで確定すると、セルのデータを参照したグラフタイトルになります。

なお、参照を解除したい場合は、数式バーの参照式を削除して入力し直すか、グラフタイトルを右クリックしてから［テキストの編集］をクリックして入力し直します。

LESSON 2 | グラフに表示する項目を絞り込む

グラフ選択時に表示される［グラフフィルター］を利用すると、グラフの"系列"や"カテゴリ"に表示する項目を選ぶことができます。より強調して見たい（見せたい）項目だけに絞り込むことが手軽にできるため便利な機能です。

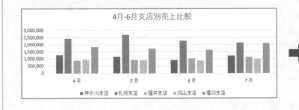 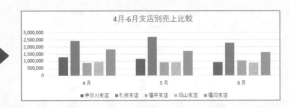

STEP グラフの"7月"のデータを非表示にする

1 グラフを選択して［グラフフィルター］をクリックします。

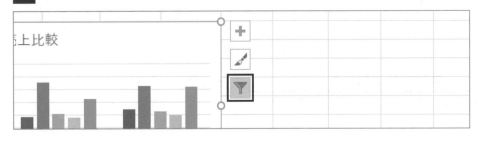

→ "系列"と"カテゴリ"の項目一覧が表示されます。

2 "カテゴリ"の［7月］チェックボックスをクリックしてオフにします。

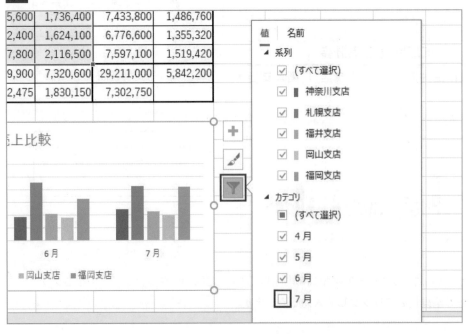

非表示にする項目のチェックボックスをオフに、表示する項目のチェックボックスをオンにします。

3 ［適用］をクリックします。

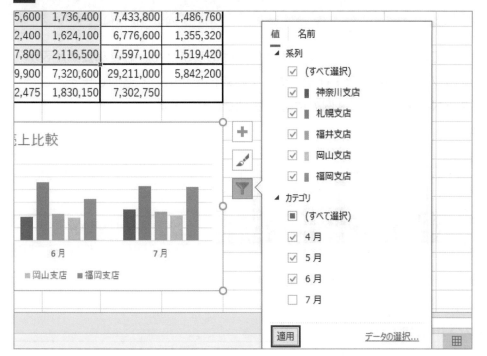

5,600	1,736,400	7,433,800	1,486,760
2,400	1,624,100	6,776,600	1,355,320
7,800	2,116,500	7,597,100	1,519,420
9,900	7,320,600	29,211,000	5,842,200
2,475	1,830,150	7,302,750	

値　名前
▲ 系列
　☑　（すべて選択）
　☑　■ 神奈川支店
　☑　■ 札幌支店
　☑　■ 福井支店
　☑　■ 岡山支店
　☑　■ 福岡支店
▲ カテゴリ
　■　（すべて選択）
　☑　4 月
　☑　5 月
　☑　6 月
　☐　7 月

適用　　　　　データの選択…

→ グラフの項目が変化します。

4 ［グラフフィルター］以外の箇所をクリックします。

→ グラフの *"7 月 "* のデータを非表示にできました。

	A	B	C	D	E	F	G	H
1				支店別売上集計表				
2		神奈川支店	札幌支店	福井支店	岡山支店	福岡支店	合計	平均
3	4 月	1,284,300	2,425,900	895,600	954,100	1,843,600	7,403,500	1,480,700
4	5 月	1,156,700	2,690,100	915,000	935,600	1,736,400	7,433,800	1,486,760
5	6 月	924,800	2,283,000	1,052,300	892,400	1,624,100	6,776,600	1,355,320
6	7 月	1,221,500	2,135,500	1,135,800	987,800	2,116,500	7,597,100	1,519,420
7	合 計	4,587,300	9,534,500	3,998,700	3,769,900	7,320,600	29,211,000	5,842,200
8	平 均	1,146,825	2,383,625	999,675	942,475	1,830,150	7,302,750	
9								

4月-6月支店別売上比較

■神奈川支店　■札幌支店　■福井支店　■岡山支店　■福岡支店

5

グラフを作成する

LESSON 3 | グラフの要素を追加・変更する

挿入直後のグラフにはすべての要素が表示されているわけではありません。必要な要素が表示されていない場合は、グラフ選択時に表示される［グラフ要素］を利用して追加します。ここでは縦軸ラベルとデータラベルを追加し、凡例の位置を右側に変更します。

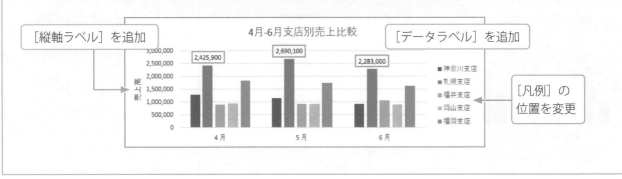

STEP グラフに縦軸ラベルを追加する

1 グラフを選択して［グラフ要素］をクリックします。

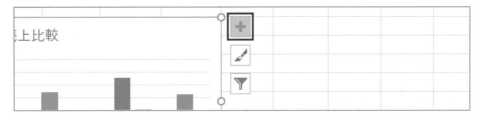

2 ［軸ラベル］にマウスポインターを合わせ、右側に表示された ▶ をクリックします。

3 ［第1縦軸］のチェックボックスをクリックしてオンにします。

→ 軸ラベルを入力するための枠が表示されます。

4 **軸ラベルが選択された状態で枠内をクリックします。**

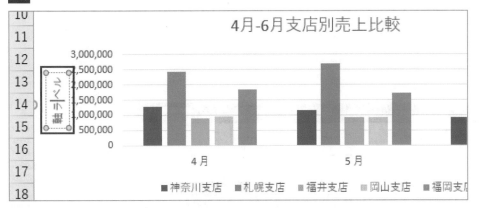

→ 枠内にカーソルが表示されます。

5 **入力されている文字列を消去し、「売上高」と入力します。**

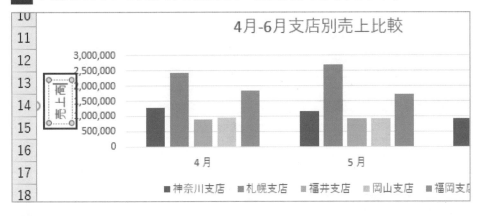

文字列の方向が左へ90度回転しているため、慣れるまでは操作しづらいかと思います。

5

グラフを作成する

6 **軸ラベルの枠外をクリックします。**

→ グラフに軸ラベルを追加できました。

	神奈川支店	札幌支店	福井支店	岡山支店	福岡支店	合計	平均
支店別売上集計表							
4月	1,284,300	2,425,900	895,600	954,100	1,843,600	7,403,500	1,480,700
5月	1,156,700	2,690,100	915,000	935,600	1,736,400	7,433,800	1,486,760
6月	924,800	2,283,000	1,052,300	892,400	1,624,100	6,776,600	1,355,320
7月	1,221,500	2,135,500	1,135,800	987,800	2,116,500	7,597,100	1,519,420
合計	4,587,300	9,534,500	3,998,700	3,769,900	7,320,600	29,211,000	5,842,200
平均	1,146,825	2,383,625	999,675	942,475	1,830,150	7,302,750	

軸ラベルには何を入力してもかまいませんが、一般的にはその軸に関する情報を記述します。

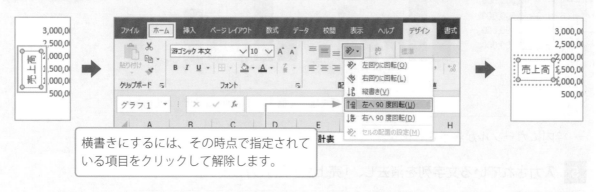

One Point　軸ラベルの文字列の方向を変更するには

追加直後の縦軸ラベルの文字列は左へ90度回転している状態になっています。向きを変更したい場合は、縦軸ラベルを選択した状態で［ホーム］タブの［方向］ボタンをクリックして文字列の方向を指定します。横書きにしたい場合は、その時点で指定されている項目（薄い緑色で覆われている箇所）をクリックします。

横書きにするには、その時点で指定されている項目をクリックして解除します。

STEP　グラフにデータラベルを追加する

1　系列"札幌支店"のグラフをクリックします。

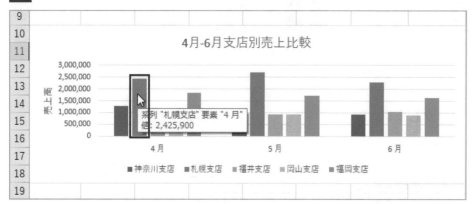

"4月"、"5月"、"6月"のどのカテゴリをクリックしてもかまいません。

→　系列"札幌支店"の"4月"、"5月"、"6月"のグラフが選択されます。

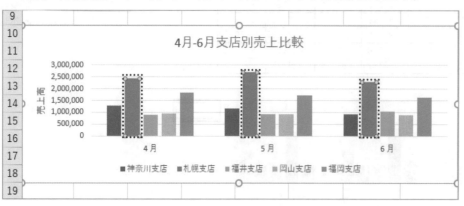

2 ［グラフ要素］をクリックします。

3 ［データラベル］にマウスポインターを合わせ、右側に表示された ▶ をクリックします。

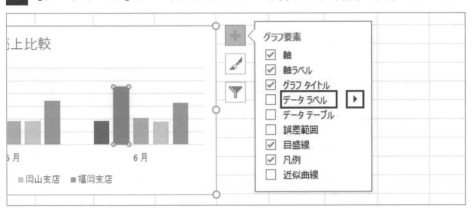

4 ［外側］をクリックします。

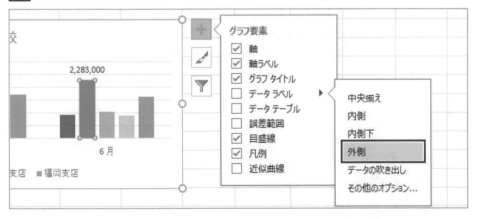

［外側］や［内側］はデータラベルを表示する位置のことです。

→ データラベルが表示されます。

5 グラフ外をクリックして確定します。

→ グラフにデータラベルを追加できました。

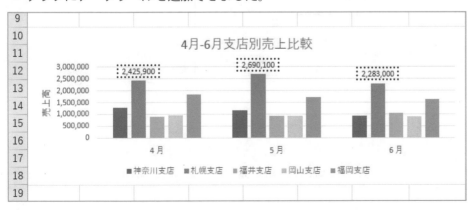

5

グラフを作成する

STEP グラフの凡例の位置を変更する

1 グラフを選択して［グラフ要素］をクリックします。

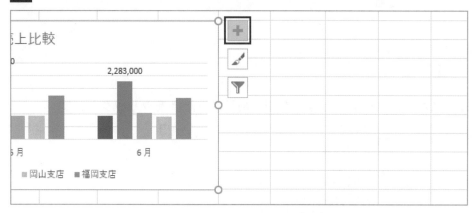

2 ［凡例］にマウスポインターを合わせ、右側に表示された ▶ をクリックします。

3 ［右］をクリックします。

→ 凡例が右側に表示できました。

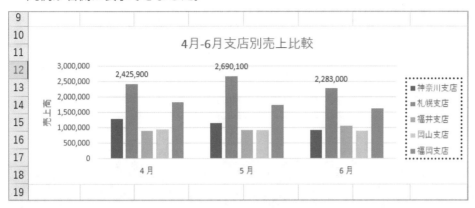

⟲ One Point　**グラフの要素を追加するその他の方法**

グラフ要素の追加はリボンからも行えます。［グラフツール］の［デザイン］タブの［グラフ要素を追加］ボタンを利用します。

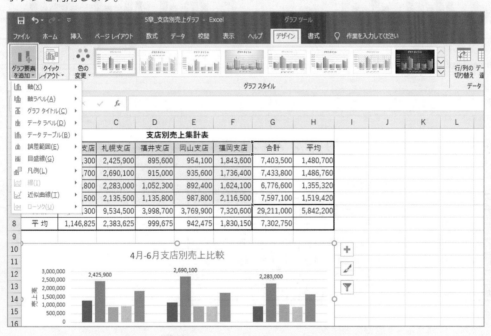

⟲ One Point　**不要な要素を削除するには**

グラフ内に不要な要素が表示されている場合は、その要素をクリックして選択し、Delete キーまたは Backspace キーを押すことで削除できます。また、［グラフ要素］から対象となる要素のチェックボックスをオフにすることでも削除できます。

5-3 グラフのデザインや場所を変更する

グラフのデザイン（スタイルや色の組み合わせ）は初期設定から変更することが可能です。また、グラフは表と同じワークシートに挿入されますが、グラフ専用の別のワークシート（グラフシート）に移動することもできます。

LESSON 1 | グラフの全体的な色を変更する

グラフの色は、数種類用意されているカラーバリエーションの中から選ぶことができます。

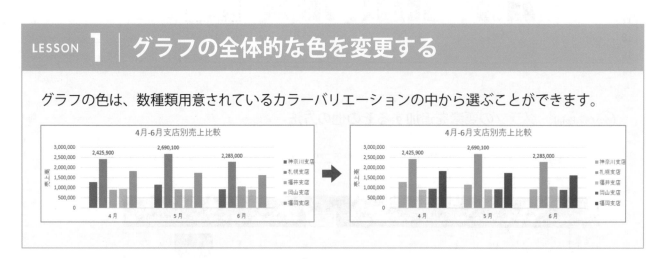

STEP ▶ グラフの全体的な色を"カラフルなパレット 4"に変更する

1 グラフを選択して［グラフスタイル］をクリックします。

	A	B	C	D	E	F	G	H
1				支店別売上集計表				
2		神奈川支店	札幌支店	福井支店	岡山支店	福岡支店	合計	平均
3	4 月	1,284,300	2,425,900	895,600	954,100	1,843,600	7,403,500	1,480,700
4	5 月	1,156,700	2,690,100	915,000	935,600	1,736,400	7,433,800	1,486,760
5	6 月	924,800	2,283,000	1,052,300	892,400	1,624,100	6,776,600	1,355,320
6	7 月	1,221,500	2,135,500	1,135,800	987,800	2,116,500	7,597,100	1,519,420
7	合 計	4,587,300	9,534,500	3,998,700	3,769,900	7,320,600	29,211,000	5,842,200
8	平 均	1,146,825	2,383,625	999,675	942,475	1,830,150	7,302,750	

2 ［色］をクリックします。

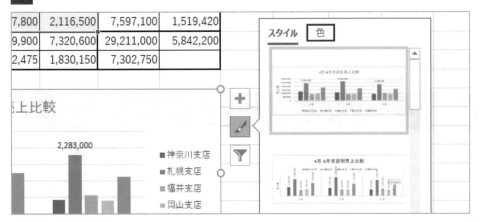

3 ［カラフルなパレット 4］をクリックします。

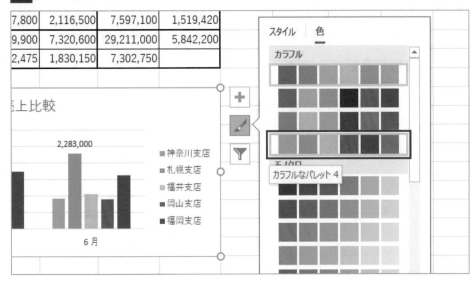

スタイルの一覧の右側
にはスクロールバーが
用意されています。

→ グラフの色を変更できました。

	A	B	C	D	E	F	G	H	I	J
1				支店別売上集計表						
2		神奈川支店	札幌支店	福井支店	岡山支店	福岡支店	合計	平均		
3	4 月	1,284,300	2,425,900	895,600	954,100	1,843,600	7,403,500	1,480,700		
4	5 月	1,156,700	2,690,100	915,000	935,600	1,736,400	7,433,800	1,486,760		
5	6 月	924,800	2,283,000	1,052,300	892,400	1,624,100	6,776,600	1,355,320		
6	7 月	1,221,500	2,135,500	1,135,800	987,800	2,116,500	7,597,100	1,519,420		
7	合 計	4,587,300	9,534,500	3,998,700	3,769,900	7,320,600	29,211,000	5,842,200		
8	平 均	1,146,825	2,383,625	999,675	942,475	1,830,150	7,302,750			

色以外に、スタイルを
変更すれば、グラフ全
体のデザインを変更す
ることもできます。

5

グラフを作成する

⟲ One Point　スタイルと色を変更するその他の方法

グラフのスタイルと色はリボンからも変更できます。［グラフツール］の［デザイン］タブの［スタイル］ボックスや［色の変更］ボタンを利用します。

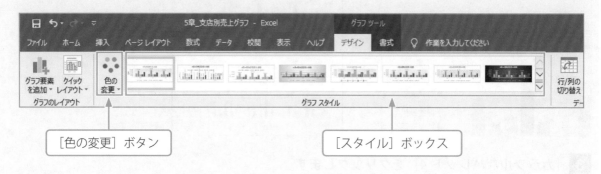

[色の変更] ボタン　　　　　　　　[スタイル] ボックス

⟲ One Point　特定の項目だけの色を変更するには

全体的なカラーバリエーションではなく、特定の項目だけの色を変更するには、プロットエリアをクリックして選んだ後、対象の項目をクリックして、その項目だけを選択した状態にします。その後で、［グラフツール］の［書式］タブの［図形の塗りつぶし］ボタンで任意の色を設定します。

LESSON 2 | グラフをグラフシートに移動する

挿入したグラフはオブジェクトとして表と同じワークシートに表示されますが、後で別のワークシートへ移動することもできます。グラフ専用のグラフシートに移動させるとグラフのみを大きく表示することができます。

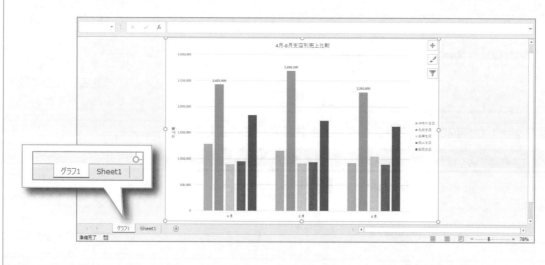

5

グラフを作成する

STEP　グラフを新規のグラフシートに移動する

1　グラフを選択します。

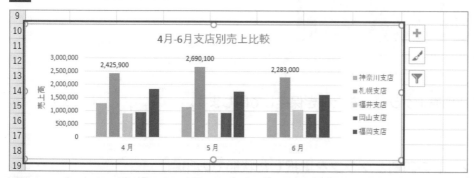

2　[グラフツール] の [デザイン] タブの [グラフの移動] をクリックします。

→ [グラフの移動] ダイアログボックスが表示されます。

3 [新しいシート] をクリックします。

4 [OK] をクリックします。

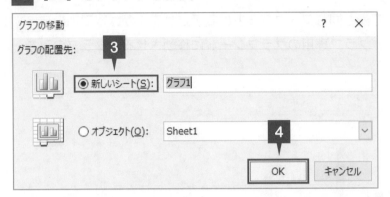

[オブジェクト] は通常のワークシート内に配置する形式（操作前の状態）です。

シート名は自由に付けることもできます。

→ 新規のグラフシートが作成され、グラフがシート全体に表示されました。

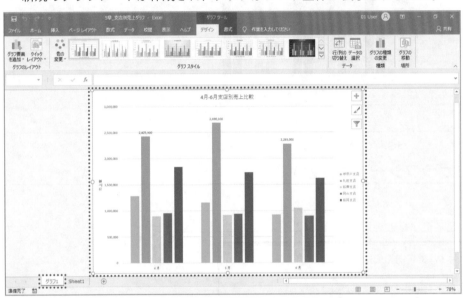

シート "Sheet1" からはグラフがなくなります。

5 ブック「Chap5_支店別売上グラフ」を上書き保存して閉じます。

OnePoint　グラフシートの印刷とグラフを選択した状態での印刷

グラフシートを印刷すると、用紙サイズ（標準では A4 横方向）いっぱいにグラフが印刷されます。また、通常のワークシートにオブジェクトとして配置されているグラフであっても、グラフを選択した状態で印刷すると同様にグラフだけが用紙全体に印刷されます。

OnePoint　元のシートにグラフを戻すには

グラフシートに移動したグラフをもう一度通常のシートにオブジェクトとして戻すには、再度 [グラフツール] の [デザイン] タブの [グラフの移動] ボタンをクリックして、[グラフの移動] ダイアログボックスの [オブジェクト] をクリックし、希望のシートを選んで [OK] をクリックします。ただし、グラフのサイズや位置はあらためて調整する必要があります。

OnePoint　よく使われるグラフの例

レッスンで使用した集合縦棒グラフの他によく使われるグラフの例を以下に紹介します（実習用データのフォルダーに「Chap5_ グラフサンプル」のブックを用意しています）。

＜積み上げ縦棒・横棒＞

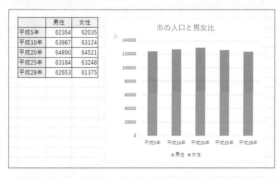
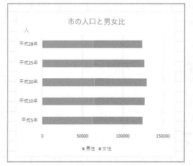

＜折れ線グラフ＞

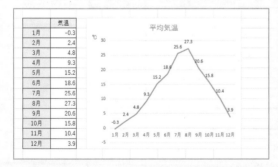

＜円グラフ＞

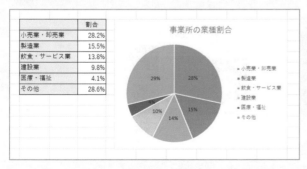

5

グラフを作成する

【章末練習問題 1】エリア別来館者数比較

📁 スクール基礎 _Excel 2019 ▶ 📁 CHAPTER5 ▶ 📁 章末練習問題 ▶ E 「Chap5_ エリア別来館者数比較」

1 ブック「Chap5_ エリア別来館者数比較」を開きましょう。

2 セル B3 ～ I8 の範囲を基に " 積み上げ縦棒グラフ " を挿入しましょう。

3 グラフの左上をセル B11 に合わせて移動し、グラフの右下がセル J20 に合うようにサイズを変更しましょう。

4 グラフの行 / 列を切り替えましょう。

5 グラフから " 1 月、2 月、6 月、7 月 " の系列と " 横浜 " のカテゴリを非表示にしましょう。

6 グラフタイトルを「都内来館者比較（春期）」に変更しましょう。

7 グラフに " 第 1 縦軸ラベル " の要素を追加しましょう。追加後、ラベルに「単位：百人」と入力しましょう。

8 ブックを上書き保存して閉じましょう。

<完成例>

	A	B	C	D	E	F	G	H	I	J
1		**エリア別来館者数比較**								
2										単位：百人
3		店舗名	1月	2月	3月	4月	5月	6月	7月	合計
4		恵比寿	60	48	72	73	96	70	60	480
5		横浜	48	41	50	52	60	48	52	351
6		品川	106	126	165	184	241	222	201	1,245
7		渋谷	91	104	121	120	150	133	125	843
8		新宿	113	128	151	155	190	146	131	1,013
9		合計	417	447	559	585	737	619	569	3,932

【章末練習問題 2】タブレット PC のリサイクル

📁 スクール基礎_Excel 2019 ▶ 📁 CHAPTER5 ▶ 📁 章末練習問題 ▶ E 「Chap5_ タブレット PC のリサイクル」

1 ブック「Chap5_ タブレット PC のリサイクル」を開きましょう。

2 セル A3 〜 B10 の範囲を基に"円グラフ"を挿入しましょう。

3 グラフの左上をセル D3 に合わせて移動し、グラフの右下がセル H12 に合うようにサイズを変更しましょう。

4 グラフタイトルを削除しましょう。

5 グラフに"データラベル（自動調整）"の要素を追加しましょう。

6 グラフに"カラフルなパレット 3"の色を適用しましょう。

7 ブックを上書き保存しましょう。

<完成例>

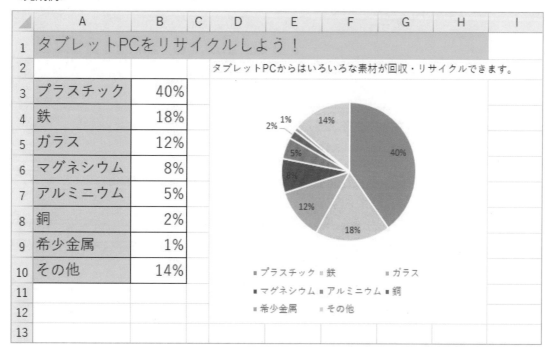

CHAPTER **6**

ワークシート操作と
表の印刷

ここではワークシートに関する基本的な操作と、複数のワークシートを活用するための操作を学習します。また後半では、ワークシートに作成した表を印刷する操作を学習します。

6-1 シートの基本操作を身に付ける

1つのブックの中で複数の**ワークシート**（以下シート）を利用できるのが Excel の特徴です。それによってデータの分類を明確にしたり、関係性のあるデータをまとめたりすることができます。ここでは複数のシートを扱うための基本操作を学習します。シート操作の多くは画面下部にある**シート見出し**から行います。

LESSON 1 │ シート名を変更する

シート見出しに表示されている文字列が**シート名**です。初期設定では "Sheet1"、"Sheet2" という名前が付いていますが、これらは自由に変更することができます。

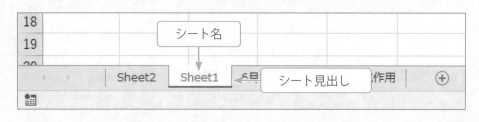

STEP "Sheet1"のシート名を"4月"に変更する

1 ブック「Chap6_ 月別売上管理シート」を開きます。

▼📁 スクール基礎 _Excel 2019 ▶ ▼📁 CHAPTER6 ▶ 🇪 「Chap6_ 月別売上管理シート」

	A	B	C	D	E	F	G	H	I	J
1	4月度集計									
2										
3	商品分類	仙台店	横浜店	名古屋店	京都店	福岡店	合 計			
4	紳士服	1,543	1,782	1,126	1,046	1,066	6,563			
5	婦人服	1,229	1,943	1,407	2,007	1,609	8,195			
6	子供服	1,425	1,560	1,073	1,418	1,166	6,642			
7	その他	1,494	984	713	865	1,379	5,435			
8	合 計	5,691	6,269	4,319	5,336	5,220	26,835			
9										
10										
11										
12										
13										
14										
15										
16										
17										
18										
19										

Sheet2 Sheet1 6月 8月 7月 試作用 ⊕

💬 実習用データはインターネットからダウンロードできます。詳細は本書のP.（4）に記載されています。

2 "Sheet1" のシート見出しをダブルクリックします。

	A	B	C	D	E	F	G
1	4月度集計						
2							
3	商品分類	仙台店	横浜店	名古屋店	京都店	福岡店	合　計
4	紳士服	1,543	1,782	1,126	1,046	1,066	6,563
5	婦人服	1,229	1,943	1,407	2,007	1,609	8,195
6	子供服	1,425	1,560	1,073	1,418	1,166	6,642
7	その他	1,494	984	713	865	1,379	5,435
8	合　計	5,691	6,269	4,319	5,336	5,220	26,835
9							
17							
18							
19							

Sheet2　Sheet1　6月　8月　7月　試作用　⊕

→ シート名が薄い灰色で覆われ、編集できる状態になります。

3 「4月」と入力します。

はじめに表示されていた "Sheet1" という名前は、新しい名前を入力すると同時に消えます。

4 Enter キーを押してシート名を確定します。

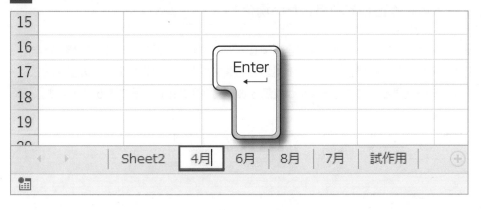

シート見出し内にカーソルが表示されているうちはシート名がまだ確定していません。

6

ワークシート操作と表の印刷

→ シート名を変更できました。

5 同様の方法で、"Sheet2" のシート名を「5月」に変更します。

⊖OnePoint **シート名として使用できない記号**
....

次の記号は、シート名に使用することはできません（全角・半角とも）。

：	コロン	？	疑問符
¥	円記号	＊	アスタリスク
／	スラッシュ	［　］	角カッコ

⊖OnePoint **既存のシート名を修正して利用したい場合**
....

レッスンでは、はじめに入力されていたシート名を完全に消して別の内容に入力し直しましたが、既存のシート名の一部を利用して修正したい場合は、シート見出しをダブルクリックした後で、再度シート見出しをクリックします。シート見出し内にカーソルが表示され、文字列を修正することができます。

LESSON **2** ｜ シートの順番を変更する

シートの順番は自由に変更することができます。現在使用しているブックのシート見出しには、"4月"から"8月"までのシートが並んでいますが、順番がばらばらです。これらを順番どおりに並べ直します。

STEP　シート"5月"を"4月"の右側へ移動する

1 "5月"のシート見出しにマウスポインターを合わせます。

2 そこから右方向へドラッグします。

3 "4月"と"6月"のシート見出しの間に▼がある状態でドラッグを終了します。

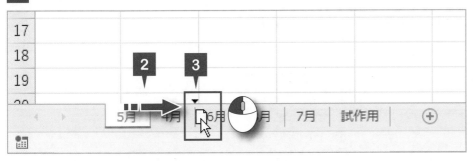

ドラッグ中はマウスポインターの形が変わります。
▼がシートの移動位置を表しています。

→ シートの順番を変更できました。

4 同様の方法で、下図のようにシートの順番を変更します。

6

ワークシート操作と表の印刷

LESSON 3 | シートを削除する

不要なシートはブックから削除することができます。シートの削除の操作は元に戻すことができないため、削除するときは十分確認したうえで行うようにします。

STEP シート"試作用"を削除する

1 "試作用"のシート見出しにマウスポインターを合わせて右クリックします。

→ ショートカットメニューが表示されます。

2 ショートカットメニューの［削除］をクリックします。

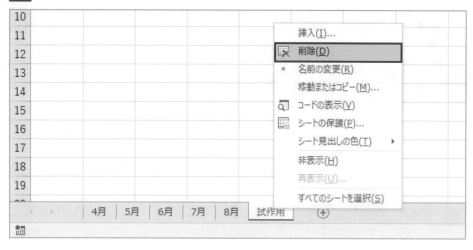

→ 削除を確認するメッセージが表示されます。

3 ［削除］をクリックします。

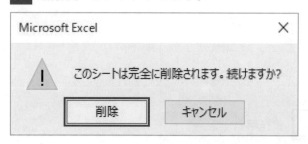

📝
削除しようとしている
シートが白紙の場合、
このメッセージは表示
されません。

→ シート " 試作用 " を削除できました。

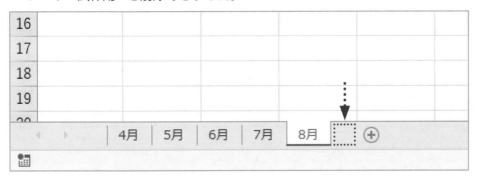

⏎OnePoint **シート見出しの色を変更するには**

シート名を付けることで各シートの内容が推測できるようになりますが、より直感的に分類を把握したい場合や特定のシートを強調したい場合は、シート見出しの色を変更することもできます。
シート見出しの色を変更するには、対象のシート見出しを右クリックしてショートカットメニューを表示し、[シート見出しの色] にマウスポインターを合わせ、色の一覧から設定したい色をクリックします。
なお、設定したシート見出しの色を解除するときは、色の一覧から [色なし] をクリックします。

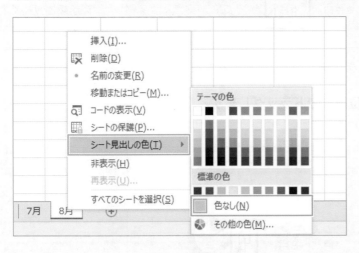

6

ワークシート操作と表の印刷

LESSON 4 シートをコピーする

作成済みのシートとよく似た内容のシートを作成するときは、シートごとコピーして、コピーしたシートを部分的に修正する方法がよく用いられます。白紙の新規シートから作成するよりも効率よく表を作成できます。

STEP　シート"8月"をコピーする

1 コピーしたいシート"8月"のシート見出しをクリックします。

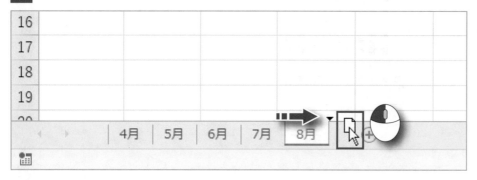

コピーの前にシート見出しをクリックする操作は必ずしも必要ではありませんが、こうすることでコピー時のミスが起こりにくくなります。

→ シート"8月"がアクティブシートになります。

2 "8月"のシート見出しを下図の位置までドラッグします。

まだドラッグは終了しません。

3 キーボードの Ctrl キーを押しながら、ドラッグを終了します。

Ctrl キーを押している間は、マウスポインターの形が に変わります。

4 ドラッグ終了後、Ctrl キーを離します。

→ シートをコピーできました。

16				
17				
18				
19				
20				

| 4月 | 5月 | 6月 | 7月 | 8月 | 8月 (2) | ⊕ |

シート名の末尾には
"(2)" などの数値が自動
的に振られます。

5 コピーされたシートの名前を「9月」に変更します。

16				
17				
18				
19				
20				

| 4月 | 5月 | 6月 | 7月 | 8月 | 9月 | ⊕ |

6 シート "9月" の表のデータを下図のように入力し直します。

	A	B	C	D	E	F	G
1	9月度集計						
2							
3	商品分類	仙台店	横浜店	名古屋店	京都店	福岡店	合　計
4	紳士服	1,000	1,200	1,000	1,800	1,100	6,100
5	婦人服	1,100	1,300	1,100	1,700	1,700	6,900
6	子供服	1,050	1,200	1,300	850	1,600	6,000
7	その他	950	800	750	700	800	4,000
8	合　計	4,100	4,500	4,150	5,050	5,200	23,000
9	前月比						
10							
11							
12							
13							
14							
15							
16							
17							
18							
19							
20							

| 4月 | 5月 | 6月 | 7月 | 8月 | 9月 | ⊕ |

準備完了

6

ワークシート操作と表の印刷

OnePoint　シートの数が多いときの便利な切り替え方

シートの数が増えてくると、シート見出しの一部が隠れてしまい、シート名が表示されないシートが出てきます。

このような場合は、シート見出しの左側にある ◀ ▶ ［見出しスクロール］ボタンをクリックします。また、シート見出しの両端にある ⋯ でも隠れているシート見出しを表示できます。

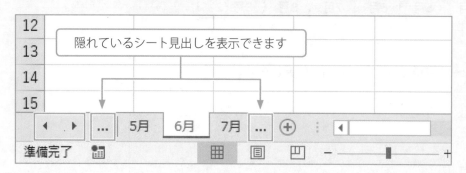

また、［見出しスクロール］ボタンを右クリックすると、ブック内のシートの一覧が表示されます。こちらをクリックしてもシートを切り替えることができます。

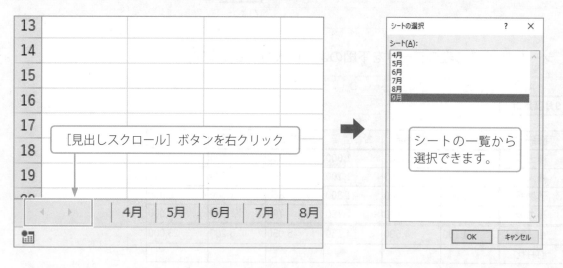

LESSON 5 ｜ シート間でセルのデータをコピーする

セルのデータのコピーは同じシート内だけでなく、シート間でも行えます。セルを選択してコピーの操作を行い、シートを切り替えてから、対象のセルに貼り付けの操作を行います。

STEP シート"9月"のセルのデータをシート"6月"にコピーする

1 シート"9月"のセルA3～G3を範囲選択します。

	A	B	C	D	E	F	G	H
1	9月度集計							
2								
3	商品分類	仙台店	横浜店	名古屋店	京都店	福岡店	合　計	
4	紳士服	1,000	1,200	1,000	1,800	1,100	6,100	
5	婦人服	1,100	1,300	1,100	1,700	1,700	6,900	
6	子供服	1,050	1,200	1,300	850	1,600	6,000	
7	その他	950	800	750	700	800	4,000	
8	合　計	4,100	4,500	4,150	5,050	5,200	23,000	
9	前月比							
10								

2 ［ホーム］タブの［コピー］ボタンをクリックします。

→ 選択したセルA3～G3の周囲に点線が表示されます。

	A	B	C	D	E	F	G	H
1	9月度集計							
2								
3	商品分類	仙台店	横浜店	名古屋店	京都店	福岡店	合　計	
4	紳士服	1,000	1,200	1,000	1,800	1,100	6,100	
5	婦人服	1,100	1,300	1,100	1,700	1,700	6,900	
6	子供服	1,050	1,200	1,300	850	1,600	6,000	
7	その他	950	800	750	700	800	4,000	
8	合　計	4,100	4,500	4,150	5,050	5,200	23,000	
9	前月比							
10								

3 "6月"のシート見出しをクリックして、シートを "6月" に切り替えます。

4 シート "6月" のセル A3 を選択します。

	A	B	C	D	E	F	G	H
1	6月度集計							
2								
3								
4	紳士服	1,814	1,372	1,195	1,446	1,339	7,166	
5	婦人服	1,388	1,661	1,357	2,018	1,997	8,421	
6	子供服	767	1,553	796	1,089	798	5,003	
7	その他	1,213	571	843	1,360	690	4,677	
8	合　計	5,182	5,157	4,191	5,913	4,824	25,267	
9	前月比							
10								
11								
12								
13								
14								
15								
16								
17								
18								
19								

| ◀ ▶ | 4月 | 5月 | **6月** | 7月 | 8月 | 9月 | ⊕ |

コピー先を選択し、Enter キーを押すか、貼り付けを選択します。

5 [ホーム] タブの [貼り付け] ボタンをクリックします。

| ファイル | ホーム | 挿入 | ページ レイアウト | 数式 | データ | 校閲 | 表示 | ヘルプ | ♀ 作業を入力してください |

游ゴシック　11　A^ A^
B I U ▾ 田 ▾ ◇ ▾ A ▾ あ▾
貼り付け ✂
クリップボード　フォント　配置　標準　% , ←.0 .00 →.0　条件付き書式▾　数値

→ シート間でセルのデータをコピーできました。

	A	B	C	D	E	F	G	H
1	6月度集計							
2								
3	商品分類	仙台店	横浜店	名古屋店	京都店	福岡店	合　計	
4	紳士服	1,814	1,372	1,195	1,446	1,339	7,166	(Ctr
5	婦人服	1,388	1,661	1,357	2,018	1,997	8,421	
6	子供服	767	1,553	796	1,089	798	5,003	
7	その他	1,213	571	843	1,360	690	4,677	
8	合　計	5,182	5,157	4,191	5,913	4,824	25,267	
9	前月比							
10								

今回はシート間でのコピーを行いましたが、[切り取り] ボタンを使えばシート間での移動を行うこともできます。

LESSON **6** シート間で数式を作成する

数式で参照できるセルは、同じシートのものだけではありません。別シートのセルを参照することもできます。別シートのセルの参照は、数式の作成中にシートを切り替える操作が加わるだけで、対象セルを選ぶ操作は同じシート内で数式を作成しているときと変わりません。

作成した数式には下図のようにシート名を表す表記（'4月'!）が含まれます。これを見ることで、どのシートのセルを参照しているかが分かります。

| ✕ ✓ *fx* | =B8/'4月'!B8 |

STEP 前月のシートのセルを参照して"前月比"を求める

1 シート"5月"のセル B9 をアクティブにします。

	A	B	C	D	E	F	G
1	**5月度集計**						
2							
3	商品分類	仙台店	横浜店	名古屋店	京都店	福岡店	合　計
4	紳士服	1,508	1,027	1,579	1,665	1,681	7,460
5	婦人服	1,495	1,198	1,177	1,943	1,437	7,250
6	子供服	869	1,164	1,645	804	1,490	5,972
7	その他	1,034	762	1,099	1,365	1,499	5,759
8	合　計	4,906	4,151	5,500	5,777	6,107	26,441
9	前月比						
10							
11							
18							
19							
20							

◀ ▶ ｜ 4月 ｜ **5月** ｜ 6月 ｜ 7月 ｜ 8月 ｜ 9月 ｜ ⊕

準備完了

2 「=」を入力します。

	A	B	C	D	E	F	G	H
1	**5月度集計**							
2								
3	商品分類	仙台店	横浜店	名古屋店	京都店	福岡店	合　計	
4	紳士服	1,508	1,027	1,579	1,665	1,681	7,460	
5	婦人服	1,495	1,198	1,177	1,943	1,437	7,250	
6	子供服	869	1,164	1,645	804	1,490	5,972	
7	その他	1,034	762	1,099	1,365	1,499	5,759	
8	合　計	4,906	4,151	5,500	5,777	6,107	26,441	
9	前月比	=						
10								

💬 「=」を入力したことで、数式の作成を開始した状態になります。

250

3 セル B8 をクリックします。

	A	B	C	D	E	F	G	H
1	**5月度集計**							
2								
3	商品分類	仙台店	横浜店	名古屋店	京都店	福岡店	合　計	
4	紳士服	1,508	1,027	1,579	1,665	1,681	7,460	
5	婦人服	1,495	1,198	1,177	1,943	1,437	7,250	
6	子供服	869	1,164	1,645	804	1,490	5,972	
7	その他	1,034	762	1,099	1,365	1,499	5,759	
8	合　計	4,906	4,151	5,500	5,777	6,107	26,441	
9	前月比	=B8						
10								

4 「/」を入力します。

	A	B	C	D	E	F	G	H
1	**5月度集計**							
2								
3	商品分類	仙台店	横浜店	名古屋店	京都店	福岡店	合　計	
4	紳士服	1,508	1,027	1,579	1,665	1,681	7,460	
5	婦人服	1,495	1,198	1,177	1,943	1,437	7,250	
6	子供服	869	1,164	1,645	804	1,490	5,972	
7	その他	1,034	762	1,099	1,365	1,499	5,759	
8	合　計	4,906	4,151	5,500	5,777	6,107	26,441	
9	前月比	=B8/						
10								

前月比は、今月の合計 / 先月の合計で算出します。

5 シート見出し［4月］をクリックしてシート "4月" に切り替えます。

| 18 | | | | | | |
| 19 | | | | | | |

［4月］ 5月 6月 7月 8月 9月 ⊕

参照

6 シート "4月" のセル B8 をクリックします。

→ 数式バーには、シート "4月" を参照していることを表す '4月'! の表記が確認できます。

| B8 | fx | =B8/'4月'!B8 |

	A	B	C	D	E	F	G	H
1	**4月度集計**							
2								
3	商品分類	仙台店	横浜店	名古屋店	京都店	福岡店	合　計	
4	紳士服	1,543	1,782	1,126	1,046	1,066	6,563	
5	婦人服	1,229	1,943	1,407	2,007	1,609	8,195	
6	子供服	1,425	1,560	1,073	1,418	1,166	6,642	
7	その他	1,494	984	713	865	1,379	5,435	
8	合　計	5,691	6,269	4,319	5,336	5,220	26,835	
9								
10								

7 Enter キーを押して数式を確定します。

→ 前月のシートのセルを参照する数式を作成して " 前月比 " を求めることができました。

	A	B	C	D	E	F	G	H
1	5月度集計							
2								
3	商品分類	仙台店	横浜店	名古屋店	京都店	福岡店	合 計	
4	紳士服	1,508	1,027	1,579	1,665	1,681	7,460	
5	婦人服	1,495	1,198	1,177	1,943	1,437	7,250	
6	子供服	869	1,164	1,645	804	1,490	5,972	
7	その他	1,034	762	1,099	1,365	1,499	5,759	
8	合 計	4,906	4,151	5,500	5,777	6,107	26,441	
9	前月比	0.8620629						
10								

8 セル B9 のフィルハンドルをセル G9 までドラッグして数式をコピーします。

7	その他	1,034	762	1,099	1,365	1,499	5,759
8	合 計	4,906	4,151	5,500	5,777	6,107	26,441
9	前月比	0.8620629					
10							
11							

7	その他	1,034	762	1,099	1,365	1,499	5,759
8	合 計	4,906	4,151	5,500	5,777	6,107	26,44
9	前月比	0.8620629					
10							
11							

→ 前月のシートのセルを参照する数式を作成して " 前月比 " を求めることができました。

7	その他	1,034	762	1,099	1,365	1,499	5,759
8	合 計	4,906	4,151	5,500	5,777	6,107	26,441
9	前月比	0.8620629	0.6621471	1.2734429	1.0826462	1.1699234	0.98531768
10							
11							

9 ［ホーム］タブの［パーセントスタイル］ボタンをクリックします。

→ 数値がパーセントスタイルに変わりました。

7	その他	1,034	762	1,099	1,365	1,499	5,759
8	合 計	4,906	4,151	5,500	5,777	6,107	26,441
9	前月比	86%	66%	127%	108%	117%	99%
10							
11							

6

ワークシート操作と表の印刷

10 ［ホーム］タブの［小数点以下の表示桁数を増やす］ボタンをクリックします。

→ パーセントの小数点以下の桁数が変わりました。

	A	B	C	D	E	F	G	H
1	**5月度集計**							
2								
3	商品分類	仙台店	横浜店	名古屋店	京都店	福岡店	合　計	
4	紳士服	1,508	1,027	1,579	1,665	1,681	7,460	
5	婦人服	1,495	1,198	1,177	1,943	1,437	7,250	
6	子供服	869	1,164	1,645	804	1,490	5,972	
7	その他	1,034	762	1,099	1,365	1,499	5,759	
8	合　計	4,906	4,151	5,500	5,777	6,107	26,441	
9	前月比	86.2%	66.2%	127.3%	108.3%	117.0%	98.5%	
10								

LESSON **7** │ 別のブックにシートをコピーする

現在使用しているブックのシートを他のブックでも使いたい場合は、シートごと別のブックや
新規ブックに移動・コピーする操作を行います。

STEP シート"4 月"を新規ブックにコピーする

1 "4 月 " のシート見出しにマウスポインターを合わせて右クリックします。

→ ショートカットメニューが表示されます。

2 ショートカットメニューの［移動またはコピー］をクリックします。

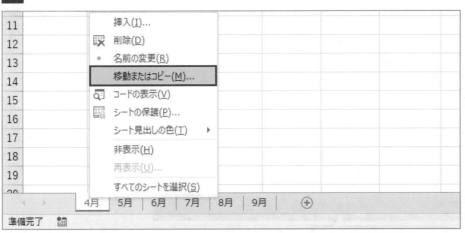

→［シートの移動またはコピー］ダイアログボックスが表示されます。

3 ［移動先ブック名］ボックスの ⌄ をクリックします。

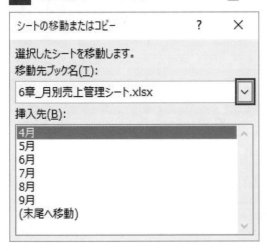

4 ［（新しいブック）］をクリックします。

今回は新規ブックに
シートをコピーします
ので［（新しいブック）］
を選んでいます。

5 ［コピーを作成する］チェックボックスをオンにします。

6 ［OK］をクリックします。

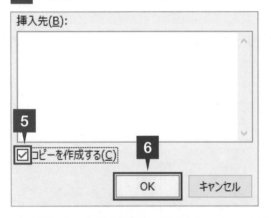

シートをコピーではな
く、移動させたい場合
はチェックボックスを
オフにします。

→ 新規ブックが自動的に作成され、シート "4月" がコピーされました。

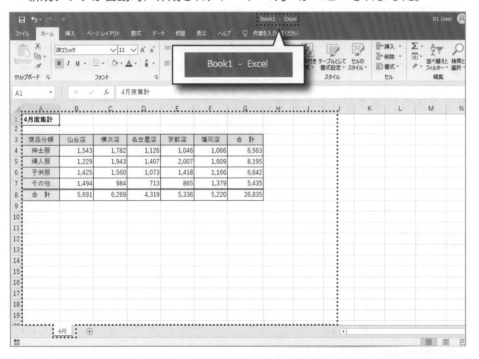

左図では新規ブックの
名前（Book1）の末尾
が1となっています
が、この数値は異なっ
ていても問題ありませ
ん。

⊖ OnePoint　既存のブックにシートを移動・コピーするには

レッスンでは新規ブックへシートをコピーしましたが、既存のブックへ移動・コピーしたい場合は、対象のブックをあらかじめ開いておく必要があります。つまり、移動元（コピー元）のブックと移動先（コピー先）のブックの両方を開いた状態です。

この状態で［シートの移動またはコピー］ダイアログボックスを表示すると、［移動先のブック］に対象のブックの名前が選択肢として表示されるようになります。

STEP　新規ブックを保存せずに閉じる

1 閉じるボタンをクリックしてブックを閉じます。

2 保存の確認メッセージが表示されますので［保存しない］をクリックします。

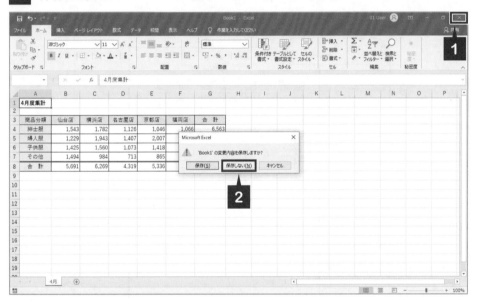

💬
ここでは保存せずに閉じますが、ブックを残しておきたい場合は、"名前を付けて保存"の操作を行います。

→ 新規ブックを閉じました。

3 ブック「Chap6_月別売上管理シート」を上書き保存して閉じます。

6

ワークシート操作と表の印刷

6-2 表を印刷する

シートを印刷する前に、印刷結果のイメージ（印刷プレビュー）を確認しましょう。この作業によって修正が必要な箇所が見つかることもあります。印刷の実行は確認後に行います。

LESSON 1 | 印刷プレビューを表示する

ここでは、表を A4 用紙 1 枚に印刷すると想定して学習を進めます。

シートを印刷する前には**印刷プレビュー**による確認が欠かせません。印刷プレビューとは印刷結果を画面上で事前に確認できる機能です。印刷プレビューは［ファイル］タブから表示できます。

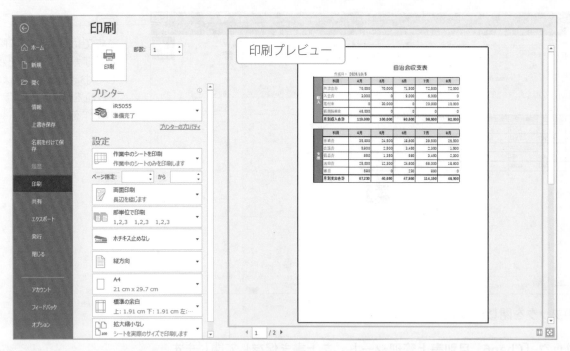

印刷プレビューの画面では、たとえば以下のようなミスがないかを確認します。

・想定していたページ数を超えていないか

・文字列が途中で切れているセルはないか

・書式を設定し忘れているセルはないか

・全体的なバランスは取れているか

こうした確認を行った後、問題がなければ印刷を実行する操作を行います。

1 CHAPTER1 〜 CHAPTER3 で作成したブック「自治会収支表」を開きます。

スクール基礎_Excel 2019 ▶ CHAPTER1 ▶ E 「自治会収支表」

	科目	4月	5月	6月	7月	8月	9月	合計
				自治会収支表				
	作成日：2020/10/5							(単位：円)
収入	自治会費	70,000	70,000	71,500	72,500	72,000	70,000	426,000
	入会費	3,000	0	9,000	6,000	0	3,000	21,000
	寄付金	0	30,000	0	20,000	10,000	0	60,000
	前期繰越金	46,000	0	0	0	0	0	46,000
	月別収入合計	119,000	100,000	80,500	98,500	82,000	73,000	553,000
	科目	4月	5月	6月	7月	8月	9月	合計
支出	事務費	35,000	24,500	18,600	39,500	26,500	34,400	178,500
	会議費	5,800	2,500	3,450	2,350	1,500	5,700	21,300
	備品費	850	1,350	980	3,450	2,300	6,890	15,820
	活動費	25,000	12,300	24,600	68,000	18,600	82,300	230,800
	雑費	580	0	230	890	0	400	2,100
	月別支出合計	67,230	40,650	47,860	114,190	48,900	129,690	448,520

ブックがない場合は、実習用データ「Chap6_自治会収支表」を開いてください。
実習用データはインターネットからダウンロードできます。詳細は本書の P.(4) に記載されています。

2 ［ファイル］タブをクリックします。

3 ［印刷］をクリックします。

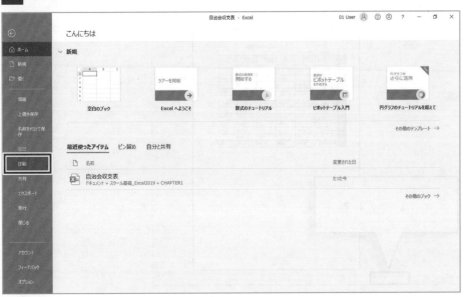

6

ワークシート操作と表の印刷

→ 画面右側に印刷プレビューが表示できました。

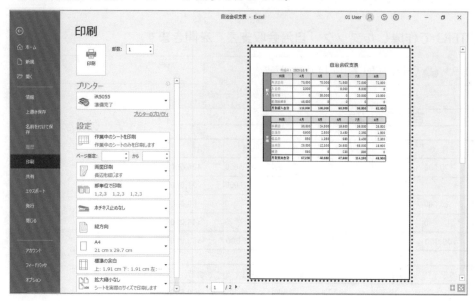

OnePoint 印刷プレビューを閉じるには

印刷プレビューの確認後、印刷プレビューを閉じてシートの編集に戻るには、画面左上の ← をクリックします。
なお、画面右上の閉じるボタン（×）をクリックすると、ブックそのものが閉じられてしまうため、印刷プレビューのみを閉じたいときはクリックしないようにします。

STEP すべてのページの印刷プレビューを確認する

1 画面下部のページ数の表記を確認します。

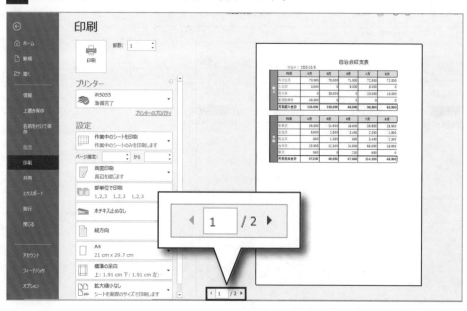

2　[次のページ] ボタンをクリックします。

→ 2 ページ目の印刷プレビューが表示されます。

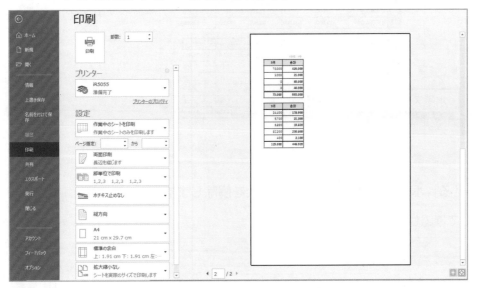

3　[前のページ] ボタンをクリックします。

→ すべてのページを確認し、1 ページ目に戻りました。

STEP　印刷プレビュー画面を拡大する

1　[ページに合わせる] をクリックします。

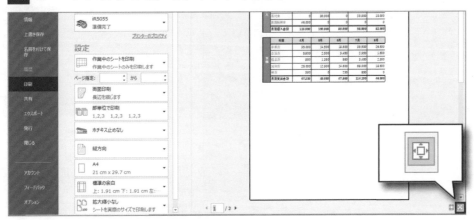

→ 印刷プレビューが拡大されます。

6
ワークシート操作と表の印刷

2 水平スクロールバーや垂直スクロールバーを利用し、表の出来を確認します。

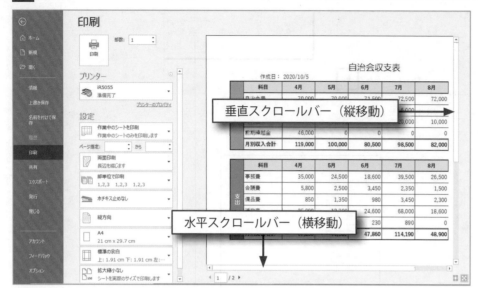

垂直スクロールバー（縦移動）

水平スクロールバー（横移動）

文字列が列の幅に収まりきらず、途中で切れている場合は、いったんプレビューを閉じ、列の幅を広げることで対処します。

3 再度［ページに合わせる］ボタンをクリックして、拡大を解除します。

→ 印刷プレビューを拡大して確認し、元の状態に戻しました。

LESSON 2 │ 印刷の向きを変更する

横に長い表を印刷する場合は、**印刷の向き（用紙の向き）**を横にすることで、用紙に収まりやすくなります。

なお、この機能は印刷の実行に伴って働く機能のため、シート上では効果を確認できませんが印刷プレビューでは効果を確認することができます。

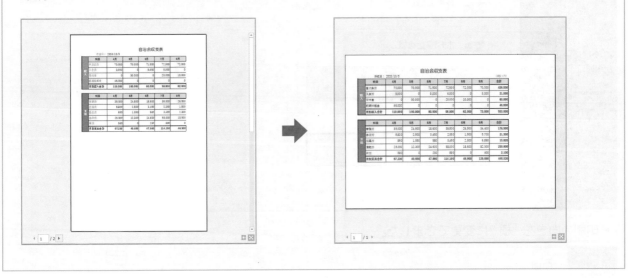

STEP 印刷の向きを"横方向"に変更する

1 ［縦方向］をクリックします。

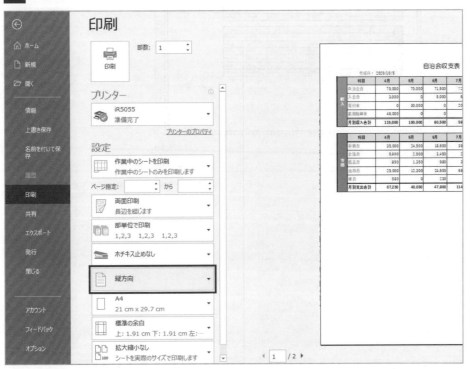

左図では、印刷の向きが［縦方向］に設定されていることを表しています。

→ 印刷の向きを変更するオプションが表示されます。

ワークシート操作と表の印刷

6

2 ［横方向］をクリックします。

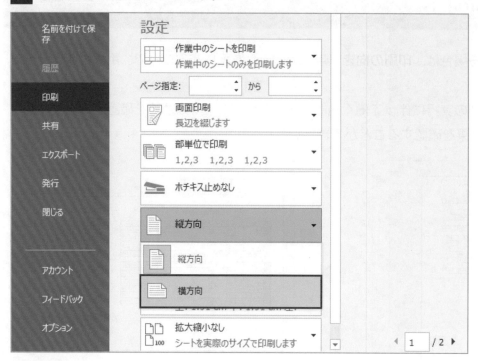

→ 印刷の向きを " 横 " に変更できました。

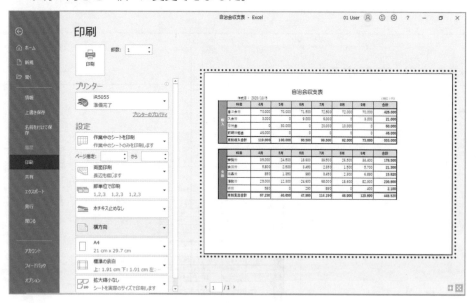

印刷プレビュー下部を
確認すると、ページ数
が１ページに変化して
いることが確認できま
す。

LESSON **3**　表を用紙の中央に印刷する

用紙に対して表が小さい場合、未設定のままでは表が用紙の左上に偏った状態で印刷されてしまいます。バランスが悪く感じるときは表を**用紙の垂直方向および水平方向の中央に配置**して印刷する設定を行います。

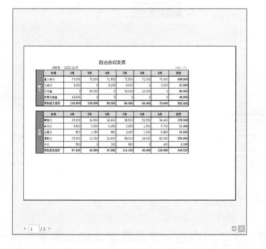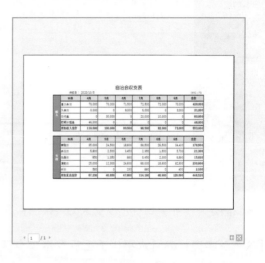

STEP　表を用紙の垂直・水平方向の中央に配置する

1　[標準の余白] をクリックします。

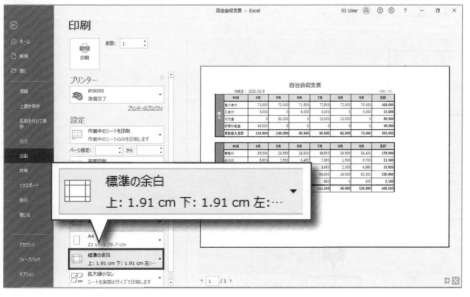

お使いのパソコンの設定によっては［広い余白］、［狭い余白］、［最後に適用したユーザー設定の余白］などと表示されている場合もあります。

→ 余白の一覧が表示されます。

2 一覧から［ユーザー設定の余白］をクリックします。

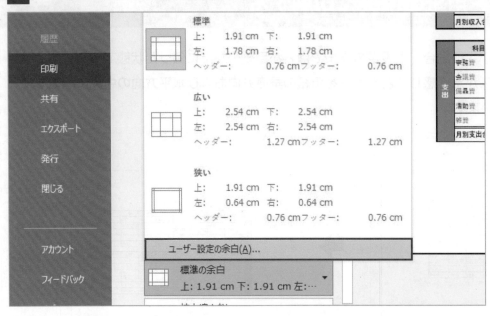

→ ［ページ設定］ダイアログボックスの［余白］タブが表示されます。

3 ［ページ中央］の［水平］チェックボックスと［垂直］チェックボックスをオンにします。

4 ［OK］をクリックします。

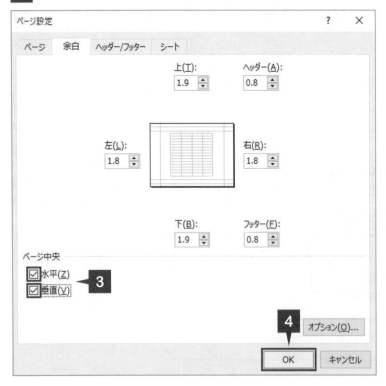

→ 表を用紙の垂直・水平方向の中央に配置できました。

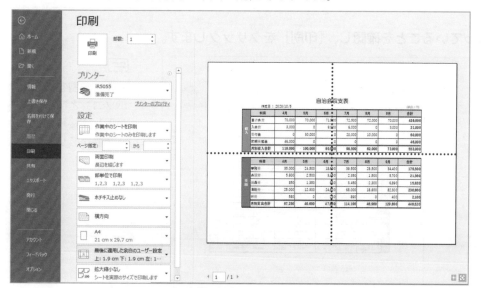

 あくまで印刷上の設定です。シート上では何も変化はありません。

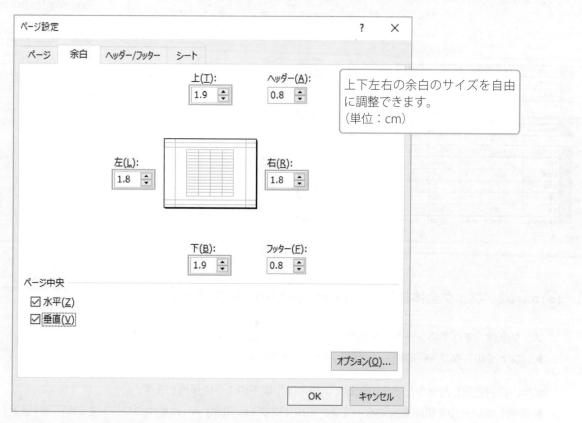 One Point　余白のサイズを自由に変更するには

[ページ設定] ダイアログボックスの [余白] タブでは、用紙の上下左右の余白を数値で設定することもできます。

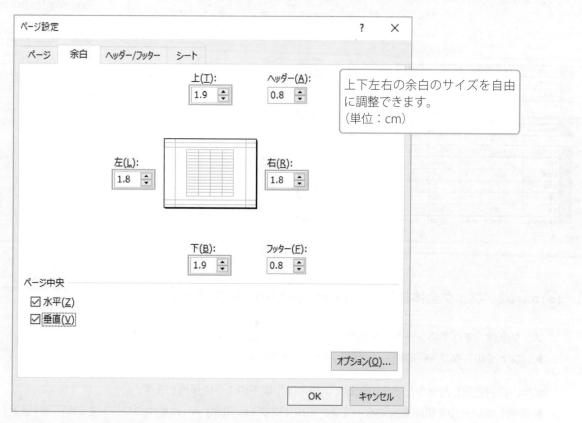

上下左右の余白のサイズを自由に調整できます。
（単位：cm）

STEP 印刷を実行する

1 ［部数］が "1" になっていることを確認し、［印刷］をクリックします。

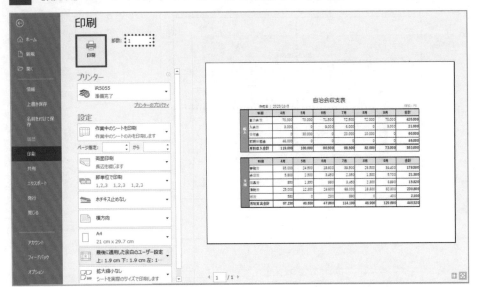

実際に印刷を行うには
パソコンとプリンター
が正しく接続されてい
る必要があります。

→ シートを 1 部印刷できました。

印刷が実行されると、
編集画面に切り替わり
ます。
また、シート上には印
刷したときのページの
境界線を表す点線も表
示されます。

OnePoint ブック全体または特定のセル範囲を印刷するには

ブック全体（すべてのシート）を印刷したい場合は、以下のように操作します。

▶ ［ファイル］タブ →［印刷］→［作業中のシートを印刷］→［ブック全体を印刷］

また、範囲選択したセルだけを印刷したい場合は、以下のように操作します。

▶ 印刷したいセルを範囲選択する →［ファイル］タブ →［印刷］→［作業中のシートを印刷］→［選択した部分を印刷］

LESSON 4 │ 表全体を1ページに収める

印刷プレビューで表がページからはみ出していても、表全体を縮小すれば1ページに収めて印刷することができます。縮小の倍率は自動的に1ページに収まるように計算されるため、自分で指定する必要はありません。

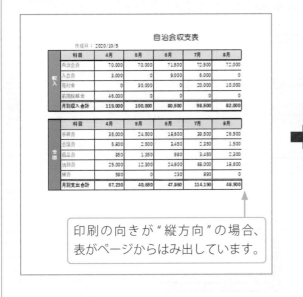

印刷の向きが"縦方向"の場合、表がページからはみ出しています。

ページに収まるように自動的に縮小されます。

STEP 表を1ページに収まるサイズに縮小する

1 ［ファイル］タブをクリックします。

2 ［印刷］をクリックします。

3 印刷の向きの設定を［縦方向］に戻します。

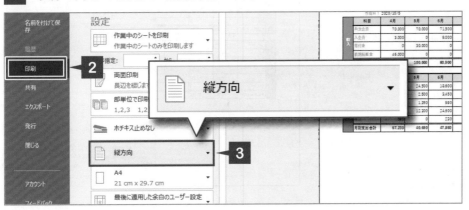

4 画面下部で現時点のページ数が 2 ページであることを確認します。

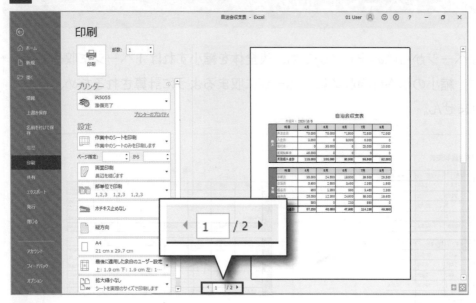

5 ［拡大縮小なし］をクリックします。

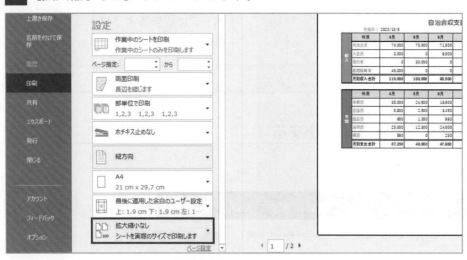

→ 拡大・縮小設定の一覧が表示されます。

6 一覧から［シートを 1 ページに印刷］をクリックします。

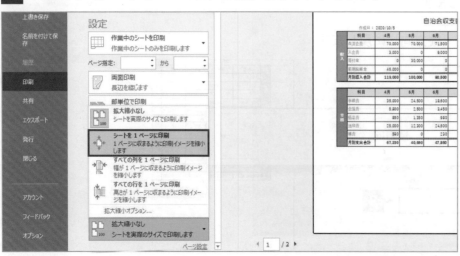

→ 表を1ページに収まるサイズに縮小できました。

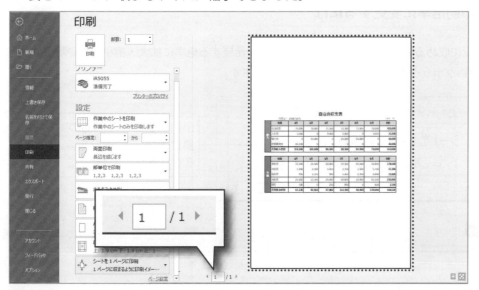

7 ［部数］が "1" になっていることを確認し、［印刷］をクリックします。

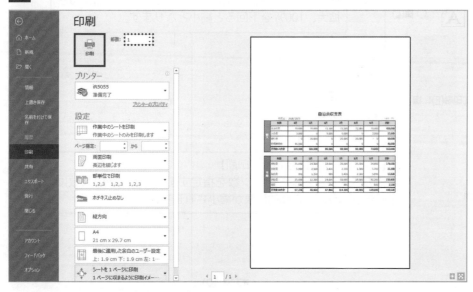

実際に印刷を行うには
パソコンとプリンター
が正しく接続されてい
る必要があります。

→ 印刷が実行され、編集画面に戻ります。

8 ブック「自治会収支表」を上書き保存して、閉じます。

OnePoint　任意の印刷倍率に変更するには

レッスンでは1ページに収める縮小を学習しましたが、自分の希望する倍率に拡大・縮小したい場合は
［ページ設定］ダイアログボックスの［ページ］タブで指定します。

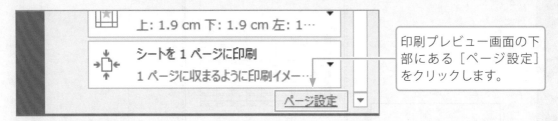

印刷プレビュー画面の下
部にある［ページ設定］
をクリックします。

拡大・縮小の設定

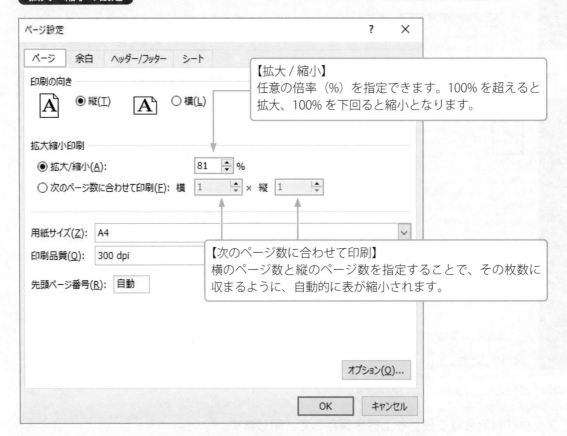

【拡大 / 縮小】
任意の倍率（%）を指定できます。100% を超えると
拡大、100% を下回ると縮小となります。

【次のページ数に合わせて印刷】
横のページ数と縦のページ数を指定することで、その枚数に
収まるように、自動的に表が縮小されます。

また、［ページレイアウト］タブの［拡大縮小印刷］グループの［拡大 / 縮小］ボックスでも、任意の
印刷倍率に拡大・縮小の設定をすることができます。

任意の倍率を指定したい場合は、［縦］と［横］の
ページ数の指定は［自動］にしておきます。

(←) OnePoint　ワークシートを PDF ファイルとして保存するには

スマートフォンやタブレットなど、手に持って指で操作するタイプの情報機器の登場によって、ペーパー（紙）を利用せずに画面上で情報を読むスタイルが広まりつつあります（ペーパーレス化）。この際のファイル形式としてよく利用されるのが "PDF"（Portable Document Format：ポータブル ドキュメント フォーマット）です。

PDF として保存したファイルは、異なる環境下でもほぼ変わらない見た目で閲覧できるという特長があります。

Excel のシートやブックも PDF として保存することができます（このような保存は "発行" や "エクスポート"、"書き出し" とも呼ばれます）。

PDF として発行したシートやブックは、Excel がインストールされていない（用意されていない）機器であっても、Excel で開いたときと変わらない見た目で閲覧できます（ただし、編集は簡単には行えません）。

PDF 形式での保存

① ［ファイル］タブをクリックして［エクスポート］をクリックします。

②［PDF / XPS ドキュメントの作成］が選ばれていることを確認して［PDF/XPS の作成］をクリックします。

③ ［PDF または XPS 形式で発行］ダイアログボックスで、保存場所とファイル名を指定し、［ファイルの種類］で "PDF(*.pdf)" を選択して［発行］をクリックします。

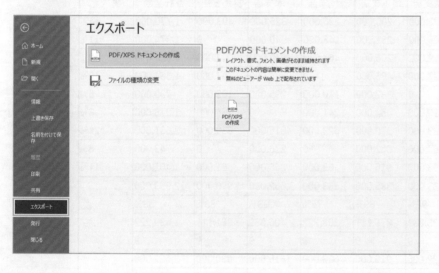

【章末練習問題 1】雑貨売上集計表

📁 スクール基礎 _Excel 2019 ▶ 📁 CHAPTER6 ▶ 📁 章末練習問題 ▶ E 「Chap6_ 雑貨売上集計表」

1 ブック「Chap6_ 雑貨売上集計表」を開きましょう。

2 シート "Sheet1" のシート名を「5月」に変更しましょう。また、シート "Sheet2" のシート名を「6
月」に変更しましょう。

3 シート "Sheet3" を削除しましょう。

4 シート "5月" と "6月" の順番を入れ替えましょう。

5 シート "5月" のセル A2 ～ H2 を、シート "6月" の同じ位置にコピーしましょう。

6 シート "6月" をコピーして同じ内容の新しいシートを作成しましょう。作成後、シート名を
「7月」に変更し、セル A1 とセル B3 ～ F11 のデータを下図のように修正しましょう。

	A	B	C	D	E	F	G	H
1	雑貨売上集計表（7月）							
2	分類	千葉支店	埼玉支店	茨城支店	栃木支店	群馬支店	合計金額	構成比
3	アクセサリー	522,000	200,000	230,000	325,000	493,000	1,770,000	14%
4	小物収納	405,000	281,000	148,000	540,000	0	1,374,000	11%
5	クッション	159,000	206,000	468,000	549,000	242,000	1,624,000	13%
6	文房具	337,000	426,000	0	594,000	207,000	1,564,000	12%
7	観葉植物	0	232,000	110,000	295,000	102,000	739,000	6%
8	バスケット	130,000	452,000	241,000	0	255,000	1,078,000	8%
9	ゴミ箱	223,000	370,000	623,000	815,000	630,000	2,661,000	21%
10	ランドリー	164,000	302,000	0	276,000	0	742,000	6%
11	照明器具	93,000	916,000	63,000	268,000	61,000	1,401,000	11%
12	合計金額	2,033,000	3,385,000	1,883,000	3,662,000	1,990,000	12,953,000	
13	前月比	90%	89%	75%	93%	88%	88%	
14	平均金額	225,889	376,111	209,222	406,889	221,111	1,439,222	
15	取扱分類数	9	9	9	9	9	9	
16	最大値	522,000	916,000	623,000	815,000	630,000	2,661,000	
17	最小値	0	200,000	0	0	0	739,000	
18								
19								

4月 | 5月 | 6月 | 7月 | ⊕

7 シート "5月" のセル B13 ～ G13 に合計金額の前月比を求める数式を作成しましょう。同様に、
シート "6月" と "7月" にも合計金額の前月比を求める数式を作成しましょう。

8 シート "7月" を新しいブックにコピーしましょう。新しいブックには「7月度の雑貨売上集
計表」という名前を付けて保存し、ブックを閉じましょう。

9 ブック「Chap6_ 雑貨売上集計表」を上書き保存して閉じましょう。

【章末練習問題 2】 フリーマーケット販売管理表

📁 スクール基礎_Excel 2019 ▶ 📁 CHAPTER6 ▶ 📁 章末練習問題 ▶ E「Chap6_ フリーマーケット販売管理表」

1 ブック「Chap6_ フリーマーケット販売管理表」を開きましょう。

※ CHAPTER4 の章末練習問題で作成したブックを使用してもかまいません。

2 印刷プレビューを表示して確認しましょう。

3 印刷の向きを " 横方向 " に変更しましょう。

4 印刷プレビューの 2 ページ目を確認しましょう。確認後 1 ページに戻りましょう。

5 表が用紙の中央（水平、垂直ともに）に配置されて印刷されるように設定しましょう。

6 現在のシートが A4 用紙 1 枚に収まるサイズに縮小印刷されるように設定しましょう。

7 シートを 1 部印刷しましょう。

8 ブックを上書き保存して閉じましょう。

＜完成例＞

6

ワークシート操作と表の印刷

【章末練習問題 3】 お土産品販売実績

📁 スクール基礎 _Excel 2019 ▶ 📁 CHAPTER6 ▶ 📁 章末練習問題 ▶ Ｅ「Chap6_ お土産品販売実績」

1 ブック「Chap6_ お土産品販売実績」を開きましょう。
  ※ CHAPTER3 の章末練習問題で作成したブックを使用してもかまいません。

2 印刷プレビューを表示して確認しましょう。

3 現在の表が A4 用紙 1 枚（縦）に収まるサイズで縮小印刷されるように設定しましょう。

4 印刷を実行しましょう。

5 ブックを上書き保存して閉じましょう。

<完成例>

1 / 1

総合練習問題

学習のまとめとして、総合練習問題に挑戦しましょう。メモ書き
程度の情報や、少ない指示をたよりに、自分で考えて表を作成す
る練習を行います。
練習で作成した表が本書の完成例とまったく同じである必要はあ
りません。学習を活かして自分なりの表を作成しましょう。

学習のまとめ　総合練習問題

【総合練習問題 1】防災訓練参加者名簿

防災訓練の参加者記入用紙を基に名簿を作成しましょう。

スクール基礎 _Excel 2019 ▶ 総合練習問題 ▶ E「防災訓練参加者名簿」

1 ブック「防災訓練参加者名簿」を開きましょう。

2 シート " 東町参加者 " に下図のような表を作成しましょう。

※列幅や行高、罫線の線種やセルの塗りつぶしの色などは任意に設定してください。

東町自治会　防災訓練参加者名簿

				担当	
代表者	参加者氏名	年齢	連絡先	消火	救護

参加人数		名

3 以下の"防災訓練 参加者記入用紙"を基にデータを入力しましょう。上から1組、2組、3組の順で、用紙に記入されているままの行の順番で入力します。

※記号 " ✓ " は「ちぇっく」と入力して変換します（環境によって入力できない場合もあります。その場合は別の記号で代用してください）。

※記号 " ○ " は「まる」と入力して変換します。

※連絡先に含まれている " X " は半角アルファベットのエックス（大文字）です。

＜防災訓練 参加者記入用紙＞

～ 防災訓練 参加者記入用紙 ～

東町　1　組

代表	氏名	年齢	連絡先	消火	救護
✓	清水良二	57	090-12XX-78XX	○	
	小山陽介	42	080-45XX-57XX	○	
	大久保香苗	54	090-26XX-61XX		○

～ 防災訓練 参加者記入用紙 ～

東町　2　組

代表	氏名	年齢	連絡先	消火	救護
✓	藤田一男	39	090-38XX-84XX	○	
	蕗谷和江	38	080-54XX-69XX		○
	戸田光弘	64	080-36XX-71XX	○	
	蛯原恭子	67	090-73XX-12XX		○

～ 防災訓練 参加者記入用紙 ～

東町　3　組

代表	氏名	年齢	連絡先	消火	救護
	横手秀雄	63	080-68XX-36XX		○
✓	向井克敏	56	090-13XX-83XX	○	
	柳加代子	43	090-43XX-96XX	○	

4 関数を使って"参加人数"を求めましょう。

5 "年齢"と"連絡先"の列の間に挿入する形で以下のデータを入力しましょう。

＜挿入するデータ＞

組
東町1組
東町1組
東町1組
東町2組
東町2組
東町2組
東町2組
東町3組
東町3組
東町3組

6 シート"西町参加者"にはすでに入力済みのデータがあります。ここに、シート"東町参加者"の書式のみを適用して、同じ体裁の表にしましょう。

7 シート"東町参加者"と"西町参加者"をそれぞれA4用紙（縦）1枚の水平中央に印刷されるように設定しましょう。

8 ブックを上書き保存して閉じましょう。

【総合練習問題2】ルアーショップ請求書

取引データの一覧から、該当する取引先宛ての請求書を作成しましょう。

1 空白のブックを準備して、下図を参考に請求書のベースとなる表を作成しましょう。

　※列幅や行高、罫線の線種やセルの塗りつぶしの色などは任意に設定してください。

　※電話番号が自動的に"ハイパーリンク"（文字の色が青色になり下線が引かれた状態）に変わってしまう場合は、入力した電話番号を右クリックして［ハイパーリンクの削除］をクリックしてください。

御　請　求　書

　　　　　　　　　　　　　　　　様　　　　ルアーショップ HandMade
　　　　　　　　　　　　　　　　　　　　　東京都墨田区両国 1-2-XX
　　　　　　　　　　　　　　　　　　　　　TEL：03-36XX-11XX

下記のとおりご請求申し上げます

御請求金額（税込）					
月	日	品　名	単　価	数　量	金額（税込）	備　考
合　計					

2 次ページの参考資料"＜7月の取引データ＞"から、"下田釣具店"の取引データのみを請求書に入力しましょう。

3 "金額（税込）"と"合計"のセルに必要な数式を作成しましょう。

4 "御請求金額（税込）"を表示するセルには、"金額（税込）"の"合計"のセルと同じ内容が表示されるように数式を作成しましょう（P.74 OnePoint 参照）。

5 そのほか必要と思う書式を設定し、表の体裁を整えましょう。

6 現在のシートを A4 用紙（縦）1 枚の水平中央に印刷されるように設定しましょう。

7 現在のシートのシート名を「下田釣具店」に変更しましょう。

8 シート"下田釣具店"をシートごとコピーして、"ギアショップ大谷"宛ての請求書として内容を変更しましょう。シート名も「ギアショップ大谷」に変更しましょう。

9 ブックに"ルアーショップ請求書"という名前を付けて保存し、保存後ブックを閉じましょう。

＜参考資料＞7月の取引データ

日付	取引先	販売商品名	単価（税込）	個数
7月1日	タックルギアー白浜	エキスパート SC	652 円	40
7月3日	下田釣具店	ハイフィッシュ FS	890 円	20
7月8日	川崎釣具店	ロデオクラウン 5000	790 円	15
7月10日	下田釣具店	エキスパート SC	652 円	15
7月10日	ギアショップ大谷	ハイフィッシュ FS	890 円	40
7月11日	下田釣具店	ロデオクラウン 5000	790 円	18
7月18日	川崎釣具店	オールインアルファ	1800 円	5
7月20日	タックルギアー白浜	レイクホルダー JP	820 円	16
7月25日	ギアショップ大谷	エキスパート SC	652 円	25
7月26日	下田釣具店	オールインアルファ	1800 円	8
7月29日	ギアショップ大谷	リードフィッシュ duo	1420 円	3
7月31日	川崎釣具店	ハイフィッシュ FS	890 円	15
7月31日	下田釣具店	レイクホルダー JP	820 円	6

【総合練習問題 1】防災訓練参加者名簿　完成例

※この完成例はあくまで一例です。書式などが異なる部分があってもかまいません。

《シート"東町参加者"》

	A	B	C	D	E	F	G
1	東町自治会　防災訓練参加者名簿						
2						担当	
3	代表者	参加者氏名	年齢	組	連絡先	消火	救護
4	✓	清水良二	57	東町1組	090-12XX-78XX	○	
5		小山陽介	42	東町1組	080-45XX-57XX	○	
6		大久保佳苗	54	東町1組	090-26XX-61XX		○
7	✓	藤田一男	39	東町2組	090-38XX-84XX	○	
8		蕗谷和江	38	東町2組	080-54XX-69XX		○
9		戸田光弘	64	東町2組	080-36XX-71XX	○	
10		蛯原恭子	67	東町2組	090-73XX-12XX		○
11		横手秀雄	63	東町3組	080-68XX-36XX		○
12	✓	向井克敏	56	東町3組	090-13XX-83XX	○	
13		柳加代子	43	東町3組	090-43XX-96XX	○	
14							
15	参加人数	10	名				
16							

=COUNT(C4:C13)

※ COUNT 関数は数値データのセルを数える関数です。
そのためここでは"年齢"のセルを参照しています。

《シート"西町参加者"》

	A	B	C	D	E	F	G
1	西町自治会　防災訓練参加者名簿						
2						担当	
3	代表者	参加者氏名	年齢	組	連絡先	消火	救護
4		黒田正弘	48	西町1組	090-58XX-68XX		○
5	✓	浅井良子	53	西町1組	090-65XX-35XX		○
6		藤島美晴	64	西町1組	090-69XX-47XX	○	
7		岡倉満男	42	西町2組	080-87XX-36XX		○
8	✓	佐伯恭一郎	39	西町2組	080-18XX-22XX		○
9		高島重治	57	西町2組	090-57XX-98XX	○	
10	✓	高村勝也	58	西町3組	090-91XX-66XX	○	
11		荻原守一	61	西町3組	080-87XX-11XX		○
12		藤川裕子	36	西町3組	080-18XX-63XX		○
13		梅原みどり	67	西町3組	090-83XX-64XX	○	
14							
15	参加人数	10	名				
16							

【総合練習問題2】ルアーショップ請求書　完成例

※この完成例はあくまで一例です。書式などが異なる部分があってもかまいません。

《シート " 下田釣具店 "》

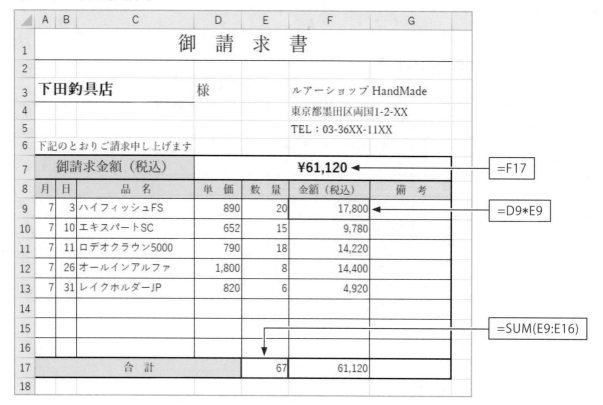

月	日	品　名	単　価	数　量	金額（税込）	備　考
7	3	ハイフィッシュFS	890	20	17,800	
7	10	エキスパートSC	652	15	9,780	
7	11	ロデオクラウン5000	790	18	14,220	
7	26	オールインアルファ	1,800	8	14,400	
7	31	レイクホルダーJP	820	6	4,920	
		合　計		67	61,120	

御請求金額（税込） ¥61,120 ← =F17

金額（税込）17,800 ← =D9*E9

=SUM(E9:E16)

《シート " ギアショップ大谷 "》

月	日	品　名	単　価	数　量	金額（税込）	備　考
7	10	ハイフィッシュFS	890	40	35,600	
7	25	エキスパートSC	652	25	16,300	
7	29	リードフィッシュduo	1,420	3	4,260	
		合　計		68	56,160	

御請求金額（税込） ¥56,160

Index

■本書についての最新情報、訂正、重要なお知らせについては下記 Web ページを開き、書名もしくは
　ISBN で検索してください。ISBN で検索する際は −（ハイフン）を抜いて入力してください。

　　　https://bookplus.nikkei.com/catalog/

■本書に掲載した内容についてのお問い合わせは、下記 Web ページのお問い合わせフォームからお送り
　ください。電話およびファクシミリによるご質問には一切応じておりません。なお、本書の範囲を超え
　るご質問にはお答えできませんので、あらかじめご了承ください。ご質問の内容によっては、回答に日
　数を要する場合があります。

　　　https://nkbp.jp/booksQA

いちばんやさしい Excel 2019 スクール標準教科書　基礎

2023 年 4 月 1 日　初版第 2 刷発行

著　　　者　株式会社日経 BP
発 行 者　中川ヒロミ
発　　　行　株式会社日経 BP
　　　　　　東京都港区虎ノ門 4-3-12　〒 105-8308
発　　　売　株式会社日経 BP マーケティング
　　　　　　東京都港区虎ノ門 4-3-12　〒 105-8308
装　　　丁　重保 咲
印　　　刷　大日本印刷株式会社

・本書に記載している会社名および製品名は、各社の商標または登録商標です。なお、本文中に TM、Ⓡマー
　クは明記しておりません。
・本書の例題または画面で使用している会社名、氏名、他のデータは、一部を除いてすべて架空のものです。

© 2020 Nikkei Business Publications, Inc.
ISBN978-4-8222-8750-4　　Printed in Japan